REISEN IN EUROPA

BORNHOLM

Die größte landschaftliche Kraft entfaltet die Insel im Herbst.
Nicht nur, daß die Horizonte Stürme entfesseln, das wärmende
Bett der Ostsee kocht den Dampf gewaltiger Nebel.
... Durch die wogenden Schatten des Dunstes werden Entfernung
und Perspektive verwischt. Eine neue Art Raum entsteht.
Eine Welt der Begrenzung, etwas Heimatliches. ... Dann trennt auch
ein tiefer Ozean das geringe Licht der Nacht von uns ab.
Und ich bin nahe bei den Dingen, zu denen ich mich geflüchtet habe.

HANS HENNY JAHNN, WERKE UND TAGEBÜCHER, 1935

Blick auf Christiansø, die größere der beiden Erbseninseln. Im Hintergrund die typischen Kamine der Heringsräucherei.

Die Küste bei Svaneke, der «Bucht der Schwäne», im Osten Bornholms.

REISEN IN EUROPA

BORNHOLM

Fotos Fritz Dressler
Text Maria Eysell

BUCHER

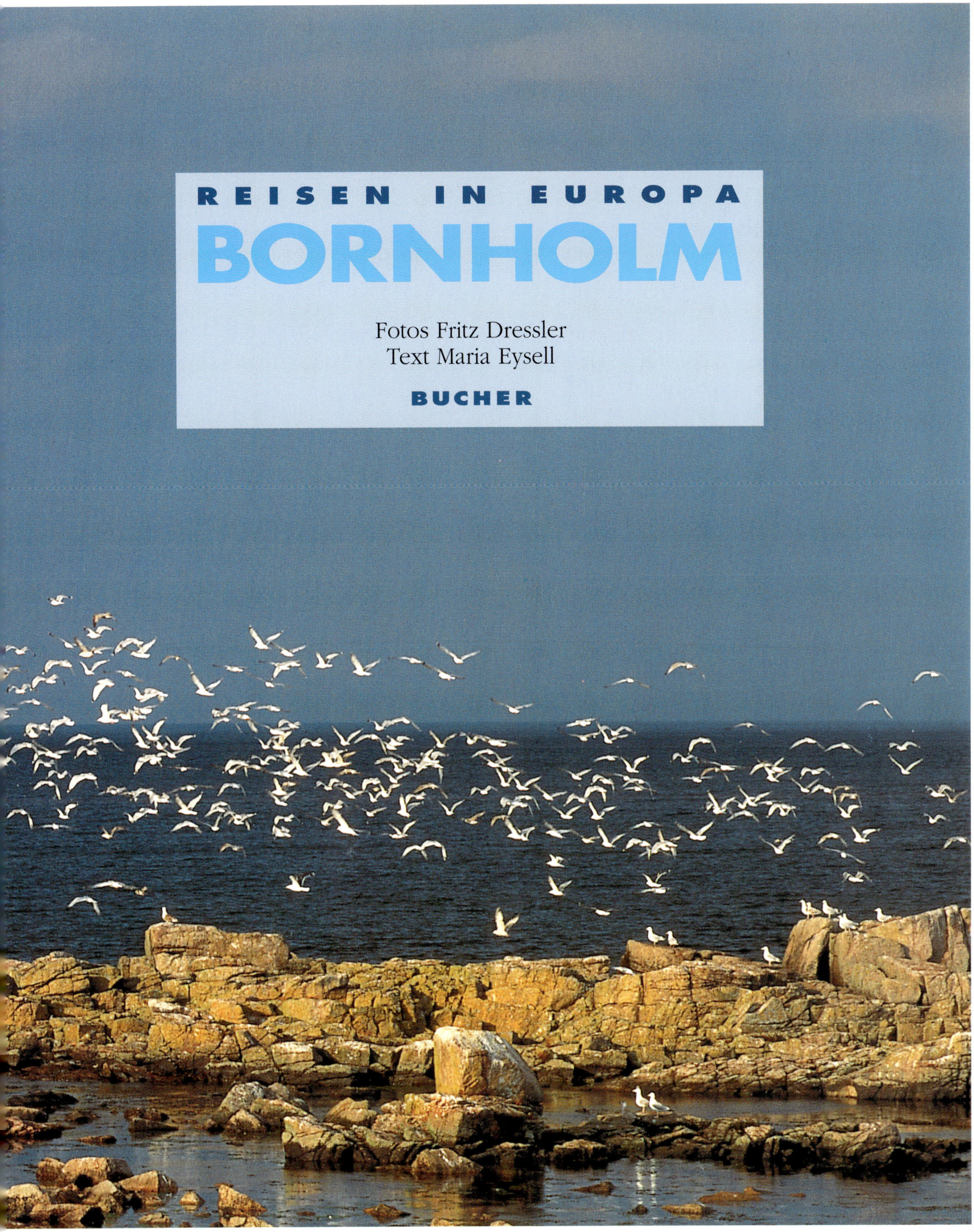

BORNHOLM – PORTRÄT EINER INSEL **10**

Maria Eysell

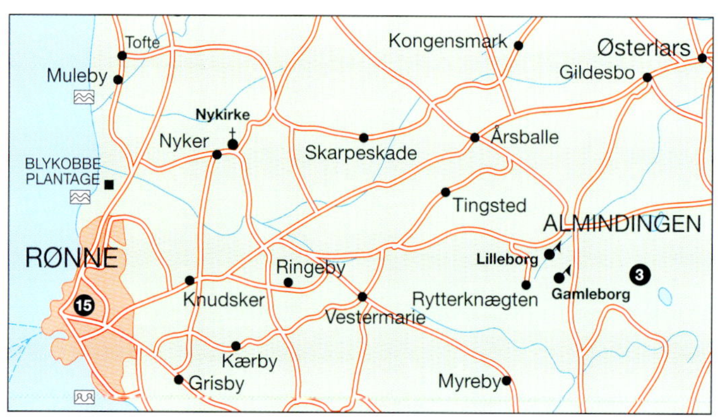

Links oben: Mit dem Fahrrad läßt sich Bornholm am besten erleben. Ein ausgezeichnetes Netz von Fahrradwegen führt durch die Insel – im Bild die Nordwestküste nahe Jons Kapel.

Links unten: Sorgfältig pflegen die Bornholmer ihre Häuser, und ein alljährlicher Neuanstrich sorgt für bunte Vielfalt in den Städten und Dörfern der Insel.

Oben: Das Meer bestimmt das Leben auf Bornholm. Es ist wichtiger Verkehrsweg und bietet gleichzeitig vielfältige Freizeitvergnügen für Wassersportler. Im Bild die Hafeneinfahrt von Neksø.

BORNHOLM: PLANEN · REISEN · GENIESSEN 56

Maria Eysell

Fachwerk und leuchtende Farben prägen den freundlichen Charakter Bornholmer Städte, wie hier in Sandvig.

BORNHOLM – PORTRÄT EINER INSEL

Svaneke ist eine der besterhaltenen Ortschaften Dänemarks. Das historische Stadtbild wurde hier konsequent bewahrt, und heute noch fahren in der Saison Pferdewagen durch die liebevoll restaurierten Gassen.

INSEL IM UMBRUCH

Wer sich genau über die geographische Lage Bornholms informieren will, sollte besser nicht die amtliche dänische Landkarte zu Rate ziehen, denn dort ist die Insel nur in einem kleinen Kästchen irgendwo in der schwedischen Provinz Halland eingezeichnet. Hergestellt werden diese Karten in Kopenhagen, der Hauptstadt Dänemarks. Dort macht sich auch nur eine der großen Tageszeitungen täglich die Mühe, ihre Leser über die Tagestemperaturen auf der immerhin fünftgrößten Insel des Landes zu informieren. Bornholm und seine 45 224 Bewohner, von denen rund 120 auf den benachbarten Erbseninseln (Ertholmene) leben, sind eben, sowohl von der alltäglichen Lebenswelt der Nicht-Bornholmer als auch von der tatsächlichen Entfernung her, weit weg: 180 Kilometer auf dem Seeweg von Kopenhagen. Bornholm stellt nur knapp 0,9 Prozent der gesamten dänischen Einwohner, und die Bevölkerungsdichte ist mit 77 Personen pro Quadratkilometer erheblich niedriger als der Landesdurchschnitt von 120 Personen.

Die vom Mutterland isolierte Lage in der Ostsee ist ein Faktum, ein anderes die Abwanderung von der Insel im Laufe der letzten zwanzig Jahre. Dafür spielt seit je die kurze Entfernung zum nächsten westlichen Nachbarn, der schwedischen Provinz Schonen (knapp 40 Kilometer), historisch und aktuell eine wichtige Rolle. Näher gerückt sind nach der Entstehung der neuen osteuropäischen Demokratien die südlichen Nachbarn in Mecklenburg-Vorpommern (80 Kilometer bis Rügen) und Polen (90 Kilometer bis Szczecin/Stettin) sowie die drei baltischen Staaten Estland, Lettland und Litauen.

Die alte, aus historischen Gründen nicht eben freundlich gemeinte Bezeichnung der Bornholmer als «Reserve-Schweden» gehört mehr denn je in die sprachliche Asservatenkammer. Zumindest die bürokratische Elite in Kopenhagen hat dies verstanden und seit Anfang der neunziger Jahre die Insel als außen-, wirtschafts- und kulturpolitischen Aktivposten neu entdeckt, denn die drei genannten südlichen und östlichen Nachbarn sind näher an Bornholm als an Kopenhagen. So konnte 1993 ein aufwendiges strukturpolitisches Programm, das «Bornholmer Paket», zur Beseitigung der langjährigen wirtschaftlichen und strukturellen Probleme der Insel beschlossen werden. Die bornholmische Fischindustrie und die Inselverwaltung leisten Wirtschafts- und Ausbildungshilfe in den baltischen Staaten, und 1994 wurde ein baltisches Forschungszentrum auf der Insel eröffnet. Die neue Prominenz der Insel wurde 1994 dadurch unterstrichen, daß das turnusmäßige Treffen der fünf Außenminister des Nordischen Rates in der Hauptstadt stattfand, wohlgemerkt der von Bornholm, nämlich in Rønne.

Für den Besucher vollzieht sich die neue Rolle Bornholms nicht in auffälliger Weise, wie etwa in Gestalt monumentaler Prestigeprojekte, sondern zum Beispiel

Im äußersten Nordwesten von Bornholm entstanden im Mittelalter die beiden Orte Allinge und Sandvig als Fischersiedlungen. Heute sind sie zu einem Doppelort zusammengewachsen, der vor allem vom Fremdenverkehr lebt. Doch legen neben Segel- und Motorbooten auch heute noch Fischkutter an.

Da es niemals staatlich subventioniert wurde, stand das Rønne Theater immer wieder kurz vor dem Ruin. Bis 1911 ein findiges Mitglied der Theatergruppe auf die Idee kam, ein Stück in Bornholmer Dialekt zu schreiben. Seitdem sind die Mundartschwänke das finanzielle Rückgrat der Bühne.

durch die Eröffnung neuer Fähr- und Flugverbindungen nach Polen und Litauen und durch eine verbesserte Qualität der touristischen Dienstleistungen. Dahinter steht das Konzept, die Insel wohlüberlegt und von den Bornholmern selbst gesteuert an die Moderne anzupassen und umgekehrt auch die Moderne an Bornholm. Ob es um den Bau einer kleinen Schnapsfabrik geht, die auf eine bornholmische Rezeptur aus dem 18. Jahrhundert zurückgreifen will, um den Ausbau von bäuerlichen Betrieben unter ökologischen Gesichtspunkten oder die Förderung des traditionsreichen Kunstgewerbes: Modernisiert werden vorhandene oder geschichtlich verankerte, spezifisch bornholmische Strukturen. Damit wäre auch ein anderes Thema angesprochen: Die Eigenständigkeit der Bornholmer, die sich in einer gewissen Distanz gegenüber den Nicht-Bornholmern äußert. Nicht von ungefähr wurde zumindest früher zwischen *fødta* und *førta*, zwischen «Geborenen» und «Geführten» – der bayerische Begriff «Zugereiste» kommt inhaltlich dem letztgenannten am nächsten – unterschieden.

Solche regionalistischen Züge haben einen geschichtlichen Ursprung, zumal die «Obrigkeit» stets von außen kam. Die enge Bindung der Bornholmer an ihre soziale Gemeinschaft rührt zumindest historisch gesehen aus der Erfahrung her, daß die Insel im Ernstfall – ob Krieg oder Eiswinter – auf sich selbst gestellt war. Im ausgehenden 20. Jahrhundert spielen Begriffe wie die eben genannten dank der Entwicklung in Europa und der fortgeschrittenen Technik natürlich nicht dieselbe Rolle wie früher.

Ebenso ist der Begriff «Bornholmer» facettenreicher, als es die gängige westdänische Dreifachdefinition vermuten läßt, derzufolge ein Bornholmer ein Bewohner der Insel, ein geräucherter Bückling oder eine Standuhr aus dem 18. Jahrhundert zu sein hat.

DAS GRUNDGESTEIN

Mit ihren 588 Quadratkilometern Fläche und einer 141 Kilometer langen Küstenlinie gehört die Insel Bornholm zu den größten des Landes. Dafür sind die Erbseninseln mit 0,38 Quadratkilometern mit die kleinsten der 504 dänischen Inseln. Überall auf Bornholm sind die Wege kurz: Zwischen Hammeren an der Nordspitze und Dueodde im Süden sind es 40, zwischen Rønne auf der Westseite und Svaneke auf der Ostseite 30 Kilometer. Um so deutlicher wirkt der Unterschied zwischen dem felsigen, teilweise rauhen Norden der Insel und dem flacher gelegenen Süden mit seinen großen, weißen Sandstränden. Der Grund: Auch in geologischer Hinsicht unterscheidet sich Bornholm vom restlichen Dänemark, denn so gesehen ist die Insel Bestandteil des alten Ostdänemark, das heißt der Provinzen Schonen, Halland und

Nicht von ungefähr gilt Dänemark als Paradies für Kinder: Die geduckten, leuchtendbunt getünchten Fachwerkhäuschen auf Bornholm, wie hier in der Inselhauptstadt Rønne, scheinen an Kindern Maß genommen zu haben.

Blekinge im Süden Schwedens. Ursprünglich war Bornholm auch gar keine Insel, sondern Teil einer Landzunge, die die Insel auf der Nordseite mit Südschweden und im Süden mit dem europäischen Festland verband.

Als einzige Region Dänemarks weist Bornholm Verbindungen zum Fennoskandinavischen Grundsteinschild auf, das in anderen Regionen die Unterlage der Ablagerungen aus der Eiszeit bildet. In den nördlichen und östlichen Teilen der Insel ist das Grundgestein, das auch einen wesentlichen Bestandteil der Felsenküste der Erbseninseln ausmacht, sichtbar geblieben. Nicht weniger als fünf verschiedene Granitarten finden sich auf der Insel (Rønne-, Vang-, Hammer-, Svaneke- und Paradieshügelgranit). In diesen Gegenden überdeckt nur eine dünne Lehmschicht das Grundgestein. Eine besonders reizvolle Variante sind die Spaltentäler, die während der Eiszeit entstanden und durch Wasser geformt worden sind. Das größte davon ist das Ekkodalen im Waldgebiet Almindingen mit seinen Steilwänden, ein anderes bekanntes das in der Nähe der Burg Hammershus. An der Steilküste bilden diese Täler, die dort durch das Meer noch weiter ausgewaschen wurden, Höhlen oder Öfen; unterhalb von den Helligdomsklipperne in der Nähe von Gudhjem liegend, kann man sich am eindrücklichsten von den Ausflugsbooten aus ein Bild machen.

Bis in kleinste Details liebevoll erhalten sind die Gebäude in der Altstadt von Rønne, die trotz sowjetischer Bombenangriffe 1945 ihr historisches Erscheinungsbild bewahren konnte.

Die Bruchlinie zwischen dem Grundgestein und späteren eiszeitlichen Ablagerungen von Sandstein, Schiefer und Lehmschichten verläuft quer über die Insel, zwischen Teglkås an der Westküste, Nyker und dem Hallefelsen nördlich von Neksø. Der Neksøsandstein, der Ende des 19. und Anfang des 20. Jahrhunderts von erheblicher wirtschaftlicher Bedeutung war, bildet den Übergang zwischen den beiden Landschaftsformen. Typisch für die nordbornholmische Landschaft ist zum Beispiel die

Klare Formen und gedeckte Farben bestimmen dieses architektonische Ensemble in Rønne – und aus dem Gewächshaus hinter der Ziegelmauer sprießt üppiges Grün.

Überall auf der Insel, wie hier in Årsdale, ragen die Schornsteine der Heringsräuchereien zwischen den Häusern auf. Sie bezeugen den Stellenwert des Fisches auf dem Speisezettel der Einwohner und im wirtschaftlichen Leben Bornholms.

Gegend um Gudhjem, ebenso die terrassenförmig angelegte und fast mediterran anmutende Stadt Gudhjem selbst, während die Gegend südlich von Neksø, der Balkastrand, Snogebæk und Dueodde, die Besucher eher an westdänische Küstenregionen erinnert.

Das Bestreben, die Insellandschaft vor jedweder Art von Raubbau zu schützen, ist deutlich erkennbar. So sind die Felsenpartie um die Schloßruine Hammershus (eine der größten nördlich der Alpen), eine Reihe anderer Gebiete um Gudhjem, Svaneke und Neksø sowie Teile der Paradieshügel mit den Spaltentälern und der bornholmischen Hochheide unter Naturschutz gestellt worden.

Daß die Bornholmer nicht immer so behutsam mit ihrer Umwelt umgegangen sind, zeigt die Geschichte der bornholmischen Wälder; keiner davon ist ein Naturwald, denn bereits in der jüngeren Steinzeit (5000 v.Chr.) begann man mit der Rodung des dichten Urwalds, der damals das Innere Bornholms bedeckte. Daß Bornholm heute mit einer Waldfläche von 20 Prozent der waldreichste Regierungsbezirk Dänemarks und Almindingen der zweitgrößte Wald des Landes ist, geht auf das Konto der Forstwirtschaft. Um die Sandflucht in den kahl gewordenen Heide- und Weidegebieten zu bremsen, hat man Anfang des 19. Jahrhunderts den Forst von Almindingen und das Waldgebiet um Rø herum angelegt. Der hohe Waldanteil ist des weiteren auf die sogenannten Bauernwälder zurückzuführen, aus denen Bau- und Brennholz geholt wurden, zum Beispiel für die Heringsräuchereien.

Daß Bornholm auf den ersten Blick wie ein buntes Bilderbuch wirkt, hat seinen Grund: Jedes Jahr zu Pfingsten streichen die Inselbewohner ihre Häuser neu an.

PFLANZEN UND TIERE

So wie die bornholmischen Landschaften eher mit schwedischen oder norwegischen als mit dänischen verwandt sind, finden sich auf der Insel auch manche auf der skandinavischen Halbinsel beheimateten Pflanzen. Das einblütige Moosauge und die finnische Vogelbeere gehören zu diesen Einwanderern. Eine botanische Besonderheit ist die bornholmische oder Apenninen-Anemone, die nördlich der Alpen sonst nirgends zu finden ist. Auch die Tierwelt weicht etwas von der westdänischen ab. Aufgrund des niedrigen Salzgehalts der Ostsee (0,8 Prozent) sind nicht alle dänischen Salzwasserfische hier vertreten. In der küstennahen Fischerei dominieren heute die Fischarten Dorsch, Kabeljau, Lachs und Hering, wobei die Bornholmer selbst zwischen «Hering» und «Fisch» unterscheiden. Das erklärt sich mit der überragenden wirtschaftlichen Bedeutung, die dem Hering seit dem Mittelalter zukam. Heute hat ihm allerdings sein Konkurrent, der Ostseedorsch, längst den Rang abgelaufen.

Alles in allem ist die Fauna Bornholms nicht ganz so vielfältig wie die im westlichen Teil Dänemarks; das gilt etwa für die Nage- und Raubtiere, aber auch für das Rotwild. Mit etwa 100 Vogelarten auf Bornholm und den Erbseninseln ist der Vogelbestand dagegen reichhaltig. Zu den bekanntesten seßhaften Arten gehören die Saatkrähe und die Eiderente. Die Saatkrähen leben vorzugsweise in den kleinen Waldstücken, während die Eiderenten an den Küsten Bornholms häufig zu sehen sind. Ihr größtes Brutgebiet befindet sich auf dem Inselchen Christiansø – dort haben Füchse keinen Zutritt.

Als nicht öffentlich zugängliches reines Naturschutzgebiet wurde die Erbseninsel Græsholmene ausgewiesen. Seitdem leben hier ungestört Tausende von Silbermöwen und unter anderem zwei in Dänemark sonst nicht seßhafte Seevogelarten: Tordalk und Trottellumme.

BORNHOLMISCHE SCHMUCKSTÜCKE

Die bornholmischen Städte haben einen gemeinsamen Zug: Sie sind klein, voll farbenprächtiger Häuser und pittoresker Sträßchen, und sie strahlen im besten Sinn des Wortes den behäbigen Charme der Provinz aus. Es geht dort vor allem gemütlich zu. Allein schon die winklige Straßenführung animiert nicht zum zügigen Durchfahren, sondern eher dazu, das Auto abzustellen und zu flanieren. Natürlich hat jede Stadt moderne Einkaufsstraßen und -zentren, aber schon die erstbeste Seitenstraße führt den Besucher auf direktem Wege zur Kulturgeschichte Bornholms, zu den Häusern des alten Handelsbürger-

Unter freiem Himmel – direkt bei der Heringsräucherei – schmecken die Bücklinge, eine Spezialität Bornholms, am besten.

Die einzige noch in Betrieb befindliche Windmühle der Insel steht in Årsdale. Oberhalb des Ortes an der Küstenstraße gelegen, kann sie besichtigt werden.

tums, das dezent vornehm, niemals protzig gebaut hat. Es hätte aufgrund des Tourismus anders kommen können, aber man ist in den Städten bemüht, das historisch gewachsene Stadtbild mit den fast durchweg einstöckigen bunten Häusern zu erhalten. Neubauten müssen sich dem anpassen; in Rønne und Neksø, durch die Bombardements 1945 teilweise zerstört, wurde eine regelrechte «Fassadenzensur» eingeführt. Bauten, die sich ins Stadtbild nicht einfügten, wurden nicht zugelassen.

Ein bekanntes Beispiel für die Erhaltung einer intakten historischen Stadtstruktur ist Svaneke, die östlichste Provinzstadt Dänemarks. Sie erhielt im Jahr 1975 – wie Colmar in Frankreich – für dieses Konzept die erste «Europamedaille für Denkmalpflege». Trotz der zunehmenden wirtschaftlichen Bedeutung des Tourismus ist es undenkbar, daß auf Bornholm der Bau von Betonburgen jemals genehmigt werden könnte. Besonders drastisch verfährt das dänische Verteidigungsministerium, dem die Verwaltung der Ertholmene untersteht: Sämtliche Gebäude der bewohnten Inseln – Christiansø und Frederiksø, ehemals Festungsanlagen – gehören dem dänischen Staat, und ohne eine behördliche Genehmigung wird buchstäblich kein einziger Fensterrahmen erneuert. Seit dem Jahr 1863 dürfen keine Neubauten mehr errichtet werden, und wer auf eigene Kosten beispielsweise alte Soldatenhütten restauriert und als Wohnung benutzt, erwirbt damit keineswegs die Rechte eines Eigentümers.

Wann immer man auf Bornholm solchen spitz zulaufenden Schloten begegnet, die mit vierkantigen Schornsteinen besetzt sind, hat man – wie hier in Teglkås – eine Fischräucherei vor sich.

Ein charakteristisches Merkmal der bornholmischen Städte sind die einstöckigen Ziegel- und Lehmfachwerkhäuser. Seit dem Mittelalter war das Fachwerk auf der Insel genormt und im Vergleich zur westdänischen Bauweise recht einfach konstruiert: Der Abstand zwischen den Gefächern beträgt zwei Meter. Strebebalken fehlen in der Regel; die senkrechten Balken stehen direkt auf dem Steinsockel. Das genormte Bausystem wurde gleichermaßen in den Städten und auf dem Land genutzt. Ob Bauernhof oder Kaufmannshaus, ein Unterschied ist oft kaum zu erkennen. Zeugnisse einer Gutsbesitzer- oder Adelskultur fehlen ohnehin auf Bornholm. Das heißt nicht, daß es kein soziales Gefälle auf der Insel gab, aber die Bornholmer waren Freibauern und nicht Grundhörige wie der Bauernstand im übrigen Dänemark. Dieser bessere soziale Status der bornholmischen Bauern kommt auch in der Bauweise zum Ausdruck. Ende des 18. Jahrhunderts entstand ein Hoftyp, der in weitaus höherem Maß als zuvor auf Repräsentation angelegt war: Es wurden mehr Räume gebaut, die im Alltag als Schlaf- oder Gästezimmer verwendet wurden, und den Abschluß des Gebäudes bildete der «Saal» (Salen) für Gastmähler und feierliche Anlässe. Diese Hofarchitektur ist in der Tat ein bornholmisches Phänomen. Heute sind von diesen Höfen nicht mehr viele vorhanden; fast 70 Prozent der bornholmischen Bevölkerung wohnt in städtischen Gebieten.

Fortsetzung Seite 27

Wie die Zufahrt zu einem herrschaftlichen Landsitz wirkt die Allee, die zu diesem Bauerngehöft im Wald von Almindingen führt. Da die Bauern auf Bornholm immer privilegiert waren, sind hier solche von parkartiger Landschaft umgebenen Bauernhäuser keine Seltenheit.

Nach umfangreicher Restaurierung zwischen 1915 und 1918 ist die mittelalterliche Nicolaikirche von Rønne, die älteste Stadtkirche der Insel, heute eine stattliche Erscheinung.

Auf Bornholm gibt es keine Bauerndörfer. Seit der Wikingerzeit siedeln die Landwirte ihre Höfe inmitten ihrer Felder an.

Die Fresken auf der ansonsten unverputzten Mittelsäule der Nylarskirke werden auf das 13. Jahrhundert datiert und gelten als die ältesten auf Bornholm. Sie zeigen die Schöpfung und Adam und Evas Sündenfall.

BOLLWERKE DES GLAUBENS – DIE RUNDKIRCHEN

Vier der insgesamt sieben Rundkirchen Dänemarks stehen auf Bornholm – als Wahrzeichen des rauhbeinigen Mittelalters.

Die kirchlichen Lehensherren in Lund bauten im frühen Mittelalter nicht weniger als 15 Kirchen auf Bornholm. Vier davon sind Rundkirchen, deren Architektur ihre Wurzeln in Byzanz hat. Sie sind zwischen Ende des 11. und Anfang bis Mitte des 13. Jahrhunderts entstanden, zu Zeiten, als wendische Piraten immer wieder die Insel überfielen und ausplünderten. Die ungewöhnlichen Rundbauten und ihre ursprüngliche Nutzung sind bis heute Gegenstand von allerlei Mutmaßungen. Vielleicht dienten sie zunächst als Burgen und wurden später zu Kirchen umgebaut, vielleicht sind Verbindungen zu den Sakralbauten des Ordens der Tempelherren zu ziehen. Vielleicht waren sie auch das, wonach sie aussehen: Gotteshäuser, Schutzburgen und Vorratskammern in einem. Gerade diese Mehrzweckfunktion, die jeder Besucher mühelos nachvollziehen kann, erklärt die Faszination, die von ihnen ausgeht. In ihrer schlichten Schönheit symbolisieren sie die Hoffnungen und Nöte einer in Kriegszeiten auf sich selbst gestellten Bevölkerung. Einige Daten zu den vier Kirchen: Sechs Kilometer nordöstlich von Rønne steht die *Nykirche*, die um 1200 gebaut wurde. Das Rundschiff war dreistöckig geplant, das Gewölbe des ersten Obergeschosses wurde jedoch nie vollendet. Daher diente das kegelförmige Dach als Verteidigungsanlage; was heute davon zu sehen ist, entstand vermutlich im 17. Jahrhundert. Aus dieser Zeit stammt auch die Kanzel, während das Waffenhaus spätmittelalterlichen Ursprungs ist. Sehenswert sind die für die dänischen Dorfkirchen typischen Kalkmalereien auf der

Die Olskirke bei Allinge-Sandvig.

Mittelsäule vom Anfang des 15. Jahrhunderts, die die Leidensgeschichte, Auferstehung und Himmelfahrt Christi darstellen (die Malereien oberhalb des Chorbogens sind dagegen knapp 100 Jahre jünger). Weiter südöstlich von Rønne entfernt, findet man die jüngste der vier Rundkirchen, die im 12. Jahrhundert gebaute und dem heiligen Nikolaus gewidmete *Nylarskirche*. Im Ursprung gliederte sich das Rundschiff in drei Stockwerke (zwei davon mit ringförmigem Tonnengewölbe). Beim späteren Bau des kegelförmigen Dachs wurde der Wehrgang im obersten Stockwerk zugemauert. Sehenswert sind in diesem Gotteshaus der gotländische Taufstein aus der Mitte des 13. Jahrhunderts und das Waffenhaus mit Runensteinen vom Anfang des 12. Jahrhunderts. Über die damaligen Zustände auf der Insel spricht insbesondere ein Runenstein Bände: «Kåbe-Sven errichtete diesen Stein für seinen Sohn Bøse, einen ehrwürdigen Krieger, der im Kampf bei Udlaenge erschlagen wurde. Gott der Herr und Sankt Mikael mögen seinem Geiste beistehen.»

Die *Olskirche* (vier Kilometer südlich von Allinge-Sandvig) ist mit 13 Metern die höchste der vier Rundkirchen. Daß sie einst als Festungsanlage gedient haben muß, zeigen die neun Schießscharten im obersten Geschoß. Rundschiff, Chor und Chorapsis entstanden um 1150, das Waf-

Reizvolles Spiel der Formen an der Olskirke.

fenhaus im späten Mittelalter. Die zwei Strebepfeiler vom Anfang des 19. Jahrhunderts bewahrten die Kirche vor dem Einsturz. Kalkmalereien vom Beginn des 16. Jahrhunderts auf dem ringförmigen Tonnengewölbe, die Kanzel (um 1575) und das Altarbild aus dem Jahr 1950 beweisen wieder einmal, daß Altes und Neues gut zueinander passen können.

Südlich von Gudhjem steht die größte Rundkirche, *Østerlars*, nach Sankt Laurentius benannt, dem Schutzpatron des Bistums Lund, zu dem Bornholm früher gehörte. Ende des 11. Jahrhunderts entstanden, zeigt ihr dreistöckiges, von Stützpfeilern getragenes Rundschiff deutlich die funktionale Aufteilung einer Rundkirche: Kirchenschiff im Erdgeschoß, vermutlich Vorratskammern im Mittelgeschoß und Wehrgang im Obergeschoß. Ringförmige Tonnengewölbe, die auf einem wuchtigen Mittelpfeiler (mit Kalkmalereien aus dem 14. Jahrhundert) ruhen, umrahmen die beiden unteren Teile der Kirche. Der schmale Weg hinauf zum Wehrgang lohnt sich allein wegen des Ausblicks. Hier Wache zu schieben, kann nicht ganz ungefährlich gewesen sein, denn die Hügel sind recht nahe. Damit die Zahl der ungebetenen Besucher möglichst gering blieb, hat man wohl das Treppenhaus so eng gestaltet, daß man sich kaum umdrehen kann. *Maria Eysell*

Die kleinste und oft als die schönste bezeichnete Rundkirche Bornholms ist die Nykirke.

Zentraler Blickpunkt in der Kirche von Hasle ist der in naiver Manier bemalte holzgeschnitzte Flügelaltar aus der Mitte des 15. Jahrhunderts.

DEN DANSKE

Phantasievolle Kontraste bestimmen das Erscheinungsbild der Kirche von Hasle: Auf dem weißgetünchten Langschiff sitzt ein roter Fachwerkturm, dessen Dach mit Holzschindeln gedeckt ist.

STÄDTE UND ORTSCHAFTEN

Symbolträchtigen Wappen, wie diesem an einem Haus neben der Kirche von Hasle, begegnet man auf Bornholm immer wieder.

Ihre wirtschaftliche Bedeutung haben die Städte nicht erst in jüngster Vergangenheit erlangt. Maritime Symbole in den Wappen – Bootshaken, Anker und Fische – weisen auf die Rolle hin, die die Küstenstädte im Heringshandel spielten. Einst war allerdings die einzige Stadt im Landesinneren, Åkirkeby, die wichtigste, weil hier nicht nur die Hauptkirche der Insel lag, sondern auch das Landesthing abgehalten wurde. Heute bestimmen eine Luzernenmehl- und eine Faserplattenfabrik das wirtschaftliche Leben und Überleben der Stadt.

Die Stellung der wichtigsten Handels-, Verwaltungs- und Hafenstadt nimmt seit langem Rønne ein. In der Gemeinde Rønne lebt fast ein Drittel (rund 15 000 Einwohner) der gesamten bornholmischen Bevölkerung. Sie ist die Hauptstadt der Insel, Sitz der wichtigsten Behörden und Verbände, ebenso mehrerer sehr sehenswerter Museen. Stein- und Tonindustrie sowie die Verarbeitung von Agrar- und Fischereiprodukten bilden die wirtschaftliche Grundlage für die Bevölkerung. Der Hafen von Rønne ist nicht nur Anlegestelle für Passagierschiffe, sondern auch der drittgrößte Provinzhafen Dänemarks. Aufgrund der einstöckigen Bauweise kann die Stadt sich rühmen, von der Flächenausdehnung her eine der größten Städte Dänemarks zu sein: Rønne mißt drei Kilometer vom nördlichen bis zum südlichen und zwei Kilometer vom östlichen bis zum westlichen Rand.

Traditionsreiche Konkurrentin im Streit um den ersten Rang im Handel ist Neksø. Mit ihren 3600 Einwohnern (die Gemeinde Neksø hat knapp 8700) verfügt die Stadt über eine bedeutende Fischindustrie und den wichtigsten Fischereihafen der Insel. Die vier übrigen Städte Hasle (1906 Einwohner), Allinge-Sandvig (1258), Gudhjem (872) und Svaneke (1126) leben vor allem vom Fremdenverkehr. Jede dieser kleinen Städte hat aber auf ihre Weise einen Beitrag zum Wirtschaftsleben oder zur politischen Geschichte der Insel geleistet: In Hasle wurde die Verschwörung zur Befreiung Bornholms von der schwedischen Herrschaft geplant und vorbereitet. Allinge-Sandvig ist der älteste Touristenort der Insel, die am Ende des 19. Jahrhunderts eigentlich mehr von deutschen als von dänischen Feriengästen bevorzugt wurde. Die Braeunlichsche Dampfschiffahrtsgesellschaft in Stettin richtete eine regelmäßige Verbindung zwischen Staßnitz und Allinge ein, und der Hotelbau nahm um diese Zeit derart zu, daß die beiden Städte Allinge und Sandvig regelrecht zusammenwuchsen.

In Gudhjem, dem berühmtesten Ferienort der Insel, erblickten die »geräucherten Bornholmer« das Licht der Welt. Die beiden Häfen Nørresand und Melsted weisen auf die Bedeutung des Fischfangs für das Städtchen hin, zumindest geschichtlich gesehen. Heute ist der Touris-

Wann die Predigt zu enden hat, bestimmt in der Nykirke nicht der Pfarrer, sondern die Sanduhren.

Ihrer Lage an einer besonders buchtenreichen Klippenküste verdankt die Gegend um Svaneke ihre fast mediterran anmutende Vegetation. Neben Feigen-, Maulbeer- und Kastanienbäumen gedeihen hier Weinstöcke und vor allem herrlich duftende Blumen.

mus die wichtigste Einnahmequelle, denn Gudhjem eilt der Ruf südländischen Charmes voraus, von dem sich auch berühmte Maler wie beispielsweise der Bornholmer Oluf Høst (*siehe Seite 46*) angezogen fühlten.

Neben Fischfang und Tourismus beleben zahlreiche Töpferwerkstätten die Wirtschaft von Svaneke, von deren beispielhafter Denkmalpflege bereits die Rede war.

Auf der Hauptinsel gibt es eine Reihe Fischersiedlungen wie Tejn, Snogebæk, Årsdale, Helligpeder und Teglkås; im Landesinneren trifft man auf Ortschaften ohne «klassischen» Dorfcharakter. Die bornholmischen Freibauern bauten ihre Höfe in die Mitte der Felder. Diese Streulage der Anwesen besteht in ihren Grundzügen seit der Wikingerzeit. Dörfer westdänischer Art hat es auf Bornholm nie gegeben, so daß man nur von Ansammlungen von Häusern sprechen kann, die nach der nächstliegenden Kirche benannt wurden, so zum Beispiel Klemensker nach der Klemenskirche oder Rutsker nach der Rutskirche. Als die Infrastruktur Bornholms im 19. Jahrhundert planmäßig modernisiert wurde, entstand ein gutes Straßennetz (heute insgesamt rund 1100 Kilometer lang). Die 1901 eröffnete Eisenbahnlinie zwischen den zwei wichtigsten Städten Rønne und Neksø existiert allerdings nicht mehr. Am 28. September 1968 fuhr der letzte Zug von Rønne nach Neksø, seither haben Omnibusse den öffentlichen Transport auf der Insel übernommen.

DIE ETWAS ANDERE GESCHICHTE BORNHOLMS

Um bornholmische Eigenheiten zu begreifen, hilft ein Blick in die Geschichte der Insel. Als Einstieg mögen die Inschriften des sechskantigen Brunnens auf dem Marktplatz von Neksø dienen. «Neksø bekommt Stadtrechte 1346 – von den Lübeckern 1510 verbrannt – von den

Nicht nur in Listed schmücken viele Bewohner ihre Häuser mit Kletterrosen, die auf dem «Capri des Nordens», wie Bornholm wegen seines Klimas genannt wird, ausgezeichnet wachsen.

Obwohl Rønne Verwaltungs- und Wirtschaftszentrum Bornholms ist, kommt selbst in der Hauptstadt keine Hektik auf. Jung und alt nehmen das Leben gelassen und haben stets Zeit für einen kleinen Plausch.

Schweden 1645 ausgeplündert – große Erweiterung des Hafens 1879 – von den Russen 1945 bombardiert – Brunnen von der Sparkasse 1946 gestiftet.»

Hier kommen Merkmale bornholmischer Geschichte zum Ausdruck: Die wirtschaftliche Bedeutung der Insel bereits im Mittelalter, ihre diffizile geostrategische Lage in der Ostsee – aber auch die Ausdauer, mit der die Bewohner immer wieder den Neuanfang wagten.

Beinahe wie ein Dornröschenschloß wirkt das mit Rosen bewachsene Waldrestaurant am Jungfrauenberg in Almindingen, dem größten Forstgebiet der Insel.

Für den Fleiß und die Zähigkeit der Bornholmer, die von außen kommenden Plagen abzuwehren, sind Erklärungen, die etwa auf den «Volkscharakter» einer kleinen tapferen Inselbevölkerung abheben, untauglich. Sie übergehen die Tatsache, daß die Bornholmer stets gute natürliche Ressourcen hatten, auf die sie zurückgreifen konnten: einen fruchtbaren Boden für den Alltag und das Meer als Ersatzspeisekammer. Außerdem hat sich zumindest in einigen Punkten die Distanz zum übrigen Dänemark positiv bemerkbar gemacht. Dazu gehört die besondere Rechtsstellung der bornholmischen Bauern. Auf dieser Insel haben Grundhörigkeit, Schollenbindung oder gar Leibeigenschaft nie Fuß gefaßt, und das ist ein entscheidender Gegensatz zur Sozial- und Wirtschaftsstruktur in Westdänemark. Eine weitere Besonderheit ist das bornholmische Erbrecht, demzufolge der Hof an den jüngsten Sohn oder die älteste Tochter vererbt wurde, wodurch Teilungen vermieden wurden.

Dieses spezifisch bornholmische Recht prägte natürlich auch die Sozialstruktur. Die im Königreich ebenfalls einmalige Milizregelung auf Bornholm, nach der angesehene Bürger und Bauern Offiziere werden konnten, trug weiterhin zum sozialen Ansehen bei. In Kopenhagen galten die bornholmischen Steuerzahler als widerspenstig. So hätte 1770 das für Bauern ungewöhnlich selbstbewußte und tatkräftige Auftreten anläßlich einer Verord-

Ihren Namen verdankt Åkirkeby einer der ältesten Kirchen der Insel, der um 1150 gegründeten Åkirke. Barocke Akzente erhielt das gotische Gotteshaus im 17. Jahrhundert, aus dem auch diese reichverzierte Kanzel stammt.

An die Zeiten der Lübecker Hanse auf Bornholm erinnert dieses Denkmal, das neben der Kirche in Rønne steht.

nung über Extrasteuern fast zum Aufstand geführt, wäre nicht der gebürtige Bornholmer und Rechtsgelehrte Peder Kofoed Ancher (1710–1788) von den aufgeschreckten absolutistischen Beamten als Schlichter eingeschaltet worden. Auch nachdem der hauptsächlich von den Kopenhagener Nationalliberalen geführte Kampf um eine freie Verfassung 1849 erfolgreich beendet worden war, meldeten sich die bornholmischen Steuerzahler zu Wort. Sie stritten für die Bewahrung ihrer im Vergleich zum übrigen Dänemark niedrigen Steuersätze – und ums Branntweinprivileg. Es wird angenommen, daß es pro 20 bis 25 Personen eine Heimbrennerei gab. Säuglinge und Greise mitgerechnet. Der Pro-Kopf-Konsum von Branntwein war doppelt so hoch wie im übrigen Land. Dieses Sonderrecht fiel daher zuerst; in den ersten fünf Jahren bekam aber nicht der Fiskus in Kopenhagen, sondern das Amt Bornholm die Erträge daraus. Ansonsten paßte sich Bornholm sowohl in politischer als auch in sozialer Hinsicht der allgemeinen Entwicklung Dänemarks an.

Interessant ist, daß die Bornholmer eine gewisse Eigenständigkeit auch im religiösen Leben entwickelt und beibehalten haben. Noch heute gibt es über ein Dutzend freikirchliche und sonstige Glaubensgemeinschaften auf der Insel. Zwar erfaßten die religiösen Erweckungsbewegungen ganz Dänemark, aber Bornholm kann für sich in Anspruch nehmen, einen eigenen Beitrag zum dänischen Kirchenleben geleistet zu haben: den Lutherischen Missionsverein (genannt «die Bornholmer») und den aus Protest dagegen gegründeten Evangelisch-Lutherischen Missionsverein. Beide waren ohnehin Protestbewegungen gegen die dänische Staatskirche. Sie richteten sich sowohl gegen Inhalte der offiziellen Glaubenslehre als auch gegen die Kirchenbürokratie und wurden von dieser als naiv, aufsässig, ja staatsgefährdend bekämpft.

Bis zum Ende des 17. Jahrhunderts wurde Bornholm als einträgliche Beute angesehen und dementsprechend malträtiert. Die hier gemachten Angaben zu einigen bornholmischen Besonderheiten in sozialer und geistiger Hinsicht sind insofern als eine kleine Einführung zu verstehen, da sie zumindest die Ursachen für die realistisch-gelassene Einstellung gegenüber den vielen Eindringlingen andeuten, deren Kern in einem bornholmischen Sprichwort zum Ausdruck kommt: «Jeder Teufel hat seine Regierungszeit» – *Hver fanijn regjerar sin tid.*

BORNHOLM – SPIELBALL DER MÄCHTIGEN

Nach der Christianisierung Bornholms Ende des 11. Jahrhunderts gehörte die Insel zum Bistum Lund und war Spielball im Machtkampf zwischen Kirche und Krone. Über weite Strecken liest sich die Geschichte der Insel wie die Bilanz eines Pfandleihhauses: Je nachdem, wer

Fortsetzung Seite 36

Wie ein Bauwerk aus der Zeit des Jugendstils wirkt der strahlend weiße Leuchtturm im Hafen von Rønne.

Badegäste zieht es in die von Wäldern und Heideflächen durchsetzte Dünen- und Strandlandschaft Dueodde an der Südspitze der Insel.

BORNHOLM – FERIENORT UND ZUFLUCHTSSTÄTTE

Seit über 125 Jahren ist Bornholm touristisches Reiseziel. Von Anfang an waren Besucher aus Deutschland dabei; die meisten, um einen unbeschwerten Urlaub zu erleben. Nach 1933 kamen Deutsche auch als Emigranten auf die Insel.

Eigentlich waren die ersten deutschen Bornholmgäste gar keine richtigen Touristen, sondern Fachkräfte aus der Steinindustrie. Sie arbeiteten als Ingenieure, Facharbeiter und Angestellte des größten Steinbruchs auf der Insel, *Hammerværket*, der 1875 von dem deutschen Baron von Ohlendorff gekauft worden war. In den Werksferien fuhren sie nicht nach Hause, sondern sie holten ihre Familien nach Nordbornholm, in die Küstenorte Allinge und Sandvig. Einen «Tysk Reiseführer über Bornholm» gab es schon 1875, und bald standen auch die ersten Hotelbauten in den beiden Städten. Die Braeunlichsche Dampfschiffahrtsgesellschaft in Stettin erkannte den neuen Markt und etablierte 1900 eine profitable Linienverbindung zwischen Bornholm und Saßnitz auf Rügen; wenige Jahre später waren bereits zwei Schiffe im Einsatz. Dänische Sommergäste besuchten schon seit Anfang des 19. Jahrhunderts die Ostseeinsel, aber erst mit der Gründung der «Dampfschiffahrtsgesellschaft von 1866» kam der Aufschwung. Die Gesellschaft, deren Hauptstrecke die Verbindung Kopenhagen, Ystad (Schweden) und Rønne war, eröffnete 1906 eine Fährverbindung zwischen Allinge und Kolberg (heute: Kolobrzeg/Polen).

Erinnerungsfotos vom Badeurlaub auf Bornholm um 1900: einmal in Positur gestellt (oben), einmal entspannt am Strand liegend (unten).

Aus diesen Zeiten, in denen Urlaubsreisen dem gutsituierten Bürgertum vorbehalten waren, stammt der Ruf der Insel als «Capri des Norden». Daß sie aber gewiß kein Ort für Müßiggänger war, bescheinigt ein deutschsprachiger Reiseführer von 1908 aus der Serie «Woerls Reisehandbücher»: Er setzt bei Bornholmbesuchern ein Bedürfnis nach Bewegung, sportlicher Betätigung und den Willen zum Verzicht auf großstädtischen Komfort voraus. Seine Ratschläge, wie Touristen am besten die Schönheit der Natur und die Sehenswürdigkeiten der Insel genießen können, haben über die Jahrzehnte hinweg nichts an Aktualität verloren: mit dem Rad, zu Fuß und mit dem Omnibus.

Zu Recht hat der Autor eines modernen deutschsprachigen Bornholmführers auf die Ironie des Schicksals hingewiesen, die mit dem Steinbruch ausgerechnet eine nicht gerade umweltfreundliche Rohstoffgewinnung zum Motor des Fremdenverkehrs auf Bornholm werden ließ. Ein Thema, das bereits in den ersten beiden Jahrzehnten des 20. Jahrhunderts kontrovers diskutiert wurde, ebenso wie der Landkauf der ausländischen Gäste auf der Insel. Als der dänische Staat 1913 das Hammerværket und sein umliegendes Gelände übernahm, wurden die Weichen für die Bewahrung der Landschaft und die bis heute gültige Tourismuspolitik Bornholms gestellt. Unter Naturschutz stehen heute rund sieben Prozent der Insel, das sind etwa 4000 Hektar, die sich aus 314 Einzelgebieten zusammensetzen, ein Flächenanteil, der sich international durchaus sehen lassen kann.

Doch neben den unbeschwerten Sommerfrischlern kamen ab 1933 auch bedrängte «Gäste» auf die Ostseeinsel. Nach der Machtergreifung Hitlers gingen namhafte deutsche Schriftsteller, Künstler und Wissenschaftler ins Exil, und auch Bornholm, das bei vielen von ihnen in der Zwischenkriegszeit ein beliebtes Ferienziel gewesen war, wurde die Zufluchtsstätte von einigen deutschen Emigranten. Dazu gehörten der Galerist und Kunstsammler Herbert von Garvens aus Hannover (1883–1953), dessen Haus in Sandkås sich zu einem Treffpunkt deutscher Künstler und Intellektueller im Exil und ihrer dänischen Kollegen entwickelte; ferner der Publizist und spätere Diplomat Karl Rowold (1891–1993), der von der Insel aus mit Hilfe von dänischen Matrosen der Dampfschiffahrtsgesellschaft von 1866 antinazistische Schriften über den Hafen Kolberg nach Deutschland einschleuste; der Sozialpädagoge Heinrich Pröschold (1897–1979), der eine Zeitlang den Transit jüdischer Jugendlicher nach Palästina von Bornholm aus mitorganisierte und von 1939 bis 1943 ein Heim für psychotische Kinder in Svaneke leitete; der Maler Martin Silberstein (1870–1959) und der Bildhauer Harald Isenstein (1898–1980), die in Dänemark so weit Fuß faßten, daß sie beide später die dänische Staatsangehörigkeit annahmen.

Der sicherlich prominenteste deutsche Exilant auf Bornholm war der Schriftsteller, Orgelbauer und Landwirt Hans Henny Jahnn (1894–1959), der als Pazifist und Nazigegner seine Heimat 1934 verließ und bis 1950 auf dem Hof «Bondegård» bei Hasle lebte. Seine Exiljahre waren schwierig, nicht zuletzt wegen seiner inneren Distanz sowohl zur einen als zur anderen Seite: Er verachtete die Kriegsmaschinerie Hitlers ebenso wie er den westlichen Demokratien skeptisch gegenüberstand. Publizieren konnte er weder in Deutschland noch in Dänemark, seine landwirtschaftlichen Experimente waren nicht von großem Erfolg gekrönt, und 1945 mußte er seinen Hof verkaufen. Die Beschlagnahme des Erlöses wurde erst 1948 von den dänischen Behörden rückgängig gemacht. *Maria Eysell*

Der feinkörnige weiße Sand an den herrlichen Stränden des Naturschutzgebiets Dueodde eignet sich bestens für große und kleine Baumeister.

Wilde Schwäne, die die Bucht bevölkerten, sollen Svaneke den Namen gegeben haben. In den beiden Häfen der Stadt herrscht heute allerdings so reger Fischerei- und Sportbootverkehr, daß sich diese stolzen Vögel dort kaum mehr einfinden.

gerade Herr auf Hammershus (1255 gebaut) war – der König oder der Erzbischof –, wurden die einzelnen Harden (heute etwa: Kreise) zwischen den Lehensmännern des Königs und der Geistlichkeit hin- und hergeschoben. Anfang des 14. Jahrhunderts setzte sich die Kirche durch, und bis zur Reformation 1536 blieb Bornholm fest im Besitz der Bischöfe. Nach der Rückkehr in den Einflußbereich der dänischen Krone meldeten sich dann die neuen Interessenten: zuerst die Lübecker Hanse, dann die schwedische Krone. Nicht zuletzt aufgrund der reichen Heringsvorkommen muß Bornholm um diese Zeit recht wohlhabend gewesen sein; drei Plünderungen in 13 Jahren durch die schwedische Flotte, eine vierte besorgten die Lübecker, hatten die Bewohner des Eilands zu verkraften. Zur Belohnung wurde die Insel vom dänischen König Frederik I. (1523–1533) an die Lübecker verpfändet, die gerade in einer anderen Angelegenheit der Krone behilflich gewesen waren.

Mit Christian IV. (1588–1648) kam ausnahmsweise ein König auf den dänischen Thron, der sich für Bornholm engagierte. Er besuchte die Insel 1624 und war direkt an der Einrichtung der bornholmischen Miliz beteiligt. Ansonsten hatte das Interesse Christians IV. für das Kriegshandwerk fatale Folgen: Bornholm geriet in den Sog der Auseinandersetzungen über die Ostseeherrschaft. Der Kontrahent war erneut Schweden.

In den ersten Monaten des Jahres 1658 waren die Bornholmer aufgrund des Eiswinters von der Umwelt abgeschnitten. Als die Bevölkerung im Frühling vom Marsch des schwedischen Königs Karl Gustaf auf Kopenhagen erfuhr, war die Insel bereits «eine glückliche schwedische Provinz» geworden – zusammen mit Schonen, Halland, Blekinge und den norwegischen Lehen Bohus und Drontheim. Der Amtssitz des neuen Inselherren, Leutnant Johan Printzensköld, entsprach dem Zustand der gesamten Insel: verfallen, gebrandmarkt von Ausplünderungen und armselig. Zudem waren zwei Fünftel der Bevölkerung an der Pest gestorben.

Der schwedische Kommandant ahnte wohl, wie die Stimmung der Bornholmer war und forderte Verstärkung aus Ystad (Südschweden) an. Aber inzwischen hatte der bedrängte König Frederik III. (1648–1670) von seiner belagerten Hauptstadt aus Botschaften in alle Himmelsrichtungen geschickt, in denen er Bürger und Würdenträger zum Aufstand gegen die Eroberer aufforderte. In der Tat wurde Printzensköld im Haus des Bürgermeisters von Rønne überwältigt, als Gefangener abgeführt und in den Wirren des Aufstands getötet. Die später zum Tyrannenmord hochstilisierte Panikreaktion der nervösen Entführer endete am folgenden Tag mit der Kapitulation der Schweden auf Hammershus. Nun waren die Bornholmer an der Reihe, die Festung auszuplündern.

Vom Svaneker Haupthafen aus kann man unter der Woche täglich mit dem Postboot auf die Erbseninsel Christiansø übersetzen.

Der 1660 vollzogenen Umwandlung Dänemarks in eine absolutistische Erbmonarchie vorgreifend, überreichten die Bornholmer am 29. Dezember 1658 eine Schenkungsurkunde an König Frederik in Kopenhagen. Darin übertrugen sie ihrem König Bornholm «zum Besitz und ewigen Erbe» und nahmen als Gegenleistung das Versprechen mit, die Insel werde nie wieder an eine fremde Macht abgetreten. Nach der Unterzeichnung des Friedensschlusses mit Schweden 1660 mußte das Versprechen des Königs auch eingelöst werden: Königliche Ländereien in Schonen im Wert von fünf Tonnen Gold kostete der Rückkauf Bornholms. Bis auf die Rückgabe der norwegischen Lehen an Dänemark änderte der Friedensschluß nichts, so daß die ostdänischen Provinzen Schonen, Halland und Blekinge endgültig verloren waren. Das bestärkt die These eines dänischen Historikers, Bornholm wäre wahrscheinlich schwedisch geblieben, hätten seine Bürger sich nicht selbst befreit.

Ehemals ein Fischerhäuschen war dieses gemütliche Terrassenrestaurant am Hafen von Snogebæk.

DIE LETZTEN BESATZUNGSMÄCHTE

Von 1659 bis zur deutschen Besetzung im Jahr 1940 herrschte auf Bornholm im großen und ganzen Frieden. Während das übrige Dänemark im 19. Jahrhundert in zwei Kriege verstrickt war – den napoleonischen und den schleswigschen –, erlebte das wirtschaftliche Leben Bornholms einen Aufschwung. Stein-, Ton- und Maschinenbauindustrien wurden gegründet, eine Eisenbahnlinie von Rønne nach Neksø und 1866 eine Schiffsverbindung zwischen Rønne, Ystad und Kopenhagen eröffnet.

In Ausnahmesituationen jedoch bekam die bornholmische Bevölkerung die Folgen ihrer geographischen Lage zu spüren. Dänemark bewahrte zwar zwischen 1914 und 1918 seinen neutralen Status, mußte aber seine wich-

Ein extravaganter Holzvorbau ziert die in typischem Gelb getünchte Fassade dieses Stadthauses in Svaneke.

«Rotkäppchenalleen» werden die Landstraßen auf Bornholm gern wegen der rot-weiß gestrichenen Begrenzungssteine genannt, die wie Zündhölzer in den saftig-grünen Wiesen stecken.

tigsten Gewässer verminen. Damals und auch in den Jahren der deutschen Besetzung von 1940 bis 1945 war es das Hauptproblem Bornholms, die Verbindung zur Außenwelt aufrechtzuerhalten. Während des Zweiten Weltkrieges kam den Fährverbindungen von Bornholm nach Schweden eine wesentliche Bedeutung zu. Aufgrund der Nähe zum neutralen Schweden wurde Bornholm zum wichtigen Waffenumschlagplatz für die Widerstandsbewegung in ganz Dänemark. Auch diente die Insel vielen Flüchtlingen als Transitstation auf dem Weg nach Schweden. Die bornholmische Widerstandsbewegung war daher eher mit logistischen als mit paramilitärischen Operationen beschäftigt. Außerdem war es für die deutsche Marine in den Besatzungsjahren nicht erstrebenswert, allzuviel Aufmerksamkeit auf sich zu ziehen, zumal die West- und Ostküste Bornholms für die Erprobung von Unterseebooten genutzt wurden.

Nach der Kapitulation der Deutschen am 4. Mai 1945 in den Niederlanden, Dänemark und Nordwestdeutschland wurden die britischen Truppen überall in Dänemark als Befreier frenetisch bejubelt. Auf Bornholm hingegen zeigten sie sich nicht. Statt dessen bereitete sich der deutsche Kommandant auf eine bewaffnete Konfrontation mit den herannahenden sowjetischen Truppen vor. Bornholm war deshalb gefährdet, weil sich in jenen Tagen dort zwischen 12000 und 20000 Wehrmachtsangehörige und Zivilisten auf der Flucht aus den Ostgebieten aufhielten. Da der Kommandant Anweisungen hatte, sich nur der britischen Armee zu ergeben, wurden am 7. Mai russische Aufklärungsflugzeuge beschossen. Daraufhin griffen russische Bombergeschwader an diesem und am folgenden Tag mehrmals die Städte Rønne und Neksø an. Zehn Bewohner der beiden Städte wurden getötet, vier Fünftel aller Häuser und Grundstücke beschädigt oder zerstört – ehe ein deutscher General, der zu den Flüchtlingen auf der Insel gehörte, das Kommando übernahm und am 9. Mai offiziell kapitulierte. Mit Erleichterung wurde daraufhin die Landung von 1500 sowjetischen Soldaten zur Kenntnis genommen. Große Verbitterung herrschte dagegen zunächst gegenüber der Regierung in Kopenhagen; die Bornholmer fühlten sich im Stich gelassen, denn die Bombardements wurden im dänischen Rundfunk mit keinem Wort erwähnt.

Die russische Besetzung dauerte bis zum 5. April 1946 und verlief friedlich. Trotzdem herrschte unter der ruhigen Oberfläche Nervosität. In der Tat enthalten Dokumente des russischen Außenministeriums von 1944 deutliche Hinweise auf die Absicht der ehemaligen Sowjetunion, in einer Übergangsperiode ganz Dänemark einschließlich Bornholms zu besetzen und nach der Unterzeichnung eines «Friedens- und Beistandspakts» einen permanenten militärischen Stützpunkt auf Bornholm zu errichten. Was letztendlich die Sowjetunion

Fortsetzung Seite 44

Ein markanter Blickpunkt ist das leuchtendrote Gotteshaus von Svaneke mit dem nadelspitz zulaufenden Turm. Die Kirche und der Friedhof befinden sich auf der höchsten Erhebung des Ortes.

Geschützt liegt das älteste Fischerdorf Bornholms, Gudhjem, zwischen Klippenhöhen.

So friedlich und still wie an diesem sonnigen Tag ist die Ostsee nicht immer. Um Flutkatastrophen zu verhindern, hat der Haupthafen von Gudhjem Schiebetore, die bei Oststürmen geschlossen werden.

1877 kam Andersen Nexös Familie auf der Suche nach Arbeit von Kopenhagen nach Bornholm. Der achtjährige Martin, der seinem Vater bei der Arbeit in einem Steinbruch helfen mußte, erlebte das harte Los der zahlreichen Saisonarbeiter und Tagelöhner auf der wohlhabenden Insel. In seinem 1906 bis 1910 erschienenen Roman «Pelle der Eroberer» schildert er den Weg des Protagonisten Pelle, der als kleiner Junge mit dem Vater und vielen anderen nach Bornholm gelangt, um bei einem Bauern Arbeit zu finden.

Einwanderer verdingten sich als Tagelöhner.

MARTIN ANDERSEN NEXÖ UND SEIN ROMAN «PELLE DER EROBERER»

Die Bornholm-Erfahrung des ersten dänischen Arbeiterdichters und ihre literarische Verarbeitung

Oben: Der Dichter Martin Andersen Nexö lebte von 1877 bis 1883 in Nexø (Foto um 1880). Unten: Die Hoffnung auf Arbeit zog viele Immigranten nach Bornholm (Fotos links und unten vor 1900).

Das Lotsenboot glitt langsam aus dem Nebel hervor. Es hielt sich mitten in der Fahrrinne, bewegte sich besonnen dem Ufer zu und tutete unaufhörlich. Mittels des Lautes schleppte es eine unsichtbare Welt nach sich, wo sich Hunderte von Stimmen mit Rufen, Klängen und schallenden Fußtritten mischten – eine Welt, die blind hier ganz in der Nähe im Raum schwamm. Dann bildete sich ein Schatten im Nebel, wo ihn niemand erwartet hatte, und der kleine Dampfer brach hervor – ein Koloß im ersten Augenblick der Überraschung – und legte sich mitten in die Einfahrt …

Auf dem Vorderdeck zwischen Back und Brücke, unter dem Bootsdeck und achtern – überall wimmelt es […] wie von Schafen, die einander auf den Rücken klettern und die Mäuler aufsperren. «Nee, was für 'ne Ladung Vieh!» ruft der dicke Lotse dem Kapitän zu und stampft entzückt mit seinem Holzschuh auf die Mole. Da sind Schaffellmützen, alte Soldatenmützen, fuchsrote abgeschabte Hüte und die kleidsamen schwarzen Kopftücher der Frauen. Die Gesichter sind so verschieden voneinander wie eingeschrumpftes altes Schweineleder und junge, reifende Frucht, aber Entbehrungen und Erwartungen und eine gewisse Lebensgier leuchten aus ihnen allen. Und die Ungewöhnlichkeit des Augenblicks gibt ihnen einen Anschein von Dummheit, wie sie sich da vordrängen oder übereinander hinwegklettern und mit offenen Mündern das Land anstarren, wo die Löhne so hoch sein sollen und wo der Branntwein so mörderisch stark ist …

Die Landungsbrücke ist klar, und die dreihundertfünfzig Passagiere strömen von Bord – Steinhauer, Hafenarbeiter, Dienstmädchen, männliche und weibliche Tagelöhner, Knechte, Melker, hin und wieder ein einsamer kleiner Hütejunge und elegante Schneider. […] Da sind junge Leute, so kerzengerade und gut gebaut, wie sie die Insel hier nicht hervorbringt, und arme Teufel, so mitgenommen von Arbeit und Entbehrungen, wie das hier nie der Fall ist […] Die Bauern sind jetzt ganz wach geworden. Wer die Pferde verlassen kann, mischt sich unter die Menge, die anderen wählen sich ihre Arbeitskräfte mit den Augen aus und rufen die Betreffenden an. Jeder legt seinen Maßstab an – Schulterbreite, bescheidene Haltung, Erbärmlichkeit; aber vor den narbigen und boshaften Gesichtern haben sie Angst, die überlassen sie den Verwaltern auf den großen Gütern. Es wird geboten und gefeilscht, jeden Augenblick kriechen ein oder zwei Schweden in das Stroh hinten im Wagen und rollen davon. Ein wenig abseits stand ein älteres gebeugtes Männchen mit einem Sack auf dem Rücken und einem acht- oder neunjährigen Jungen an der Hand; vor ihnen stand eine grüne Kiste. […] jedesmal, wenn ein Wagen mit einigen ihrer Landsleute davonrollte, zupfte der Knabe ungeduldig den Alten am Ärmel, der ihm dann beruhigend zuredete. Der alte Mann betrachtete die Bauern einen nach dem anderen prüfend, mit bekümmerter Miene, und bewegte die Lippen dabei – er überlegte. Ständig liefen ihm die roten wimpernlosen Augen infolge des Starrens über, und er trocknete sie mit dem groben, schmutzigen Sacktuch.

«Siehst du den da?» sagte er plötzlich zu dem Jungen und zeigte auf einen kleinen, dicken Bauern mit Apfelwangen. «Was meinst du? Der is gewiß gut zu Kindern. Wollen wir es mal versuchen, Junge?»

dazu bewog, die Insel zu verlassen, weiß man heute noch nicht. Fest steht allerdings, daß das spätere NATO-Mitgliedsland Dänemark in Bezug auf Bornholm gewisse selbstauferlegte Beschränkungen beachtete, die 1946 mündlich verabredet worden sein sollen.

Seit den neunziger Jahren steht das Thema nicht mehr auf der Tagesordnung. Die dänische Marine kontrolliert die Einhaltung dänischer Hoheitsrechte in der Ostsee; anzutreffen sind dort hin und wieder Schmuggler und kommerzielle Flüchtlingstransporte aus dem fernen Osten.

Vom Stolz und Selbstbewußtsein der Bauern, die auf Bornholm immer ihre eigenen Herren waren, zeugt die Einrichtung von Melstedgård. Der denkmalgeschützte Bauernhof ist heute ein landwirtschaftliches Museum.

SCHWIERIGE BEDINGUNGEN

Ende des 19. Jahrhunderts wurden auf Bornholm mit großem technischen Aufwand etliche Häfen angelegt. Bis auf die kleinen Häfen, in deren unmittelbarer Nähe sich Heringsräuchereien befinden, wie zum Beispiel Snogebæk oder Gudhjem, die viele Besucher anziehen, herrscht dort wenig Betriebsamkeit. Ohne erhebliche Zuschüsse aus Kopenhagen und Brüssel stünde die Insel vor fast unüberwindbaren Problemen. Ein ministerielles Gutachten aus dem Jahr 1993 prognostizierte für die nahe Zukunft eine Arbeitslosenquote von bis zu 20 Prozent. Die schlechte wirtschaftliche Lage der Insel ist nicht auf ein kurzfristiges Konjunkturtief, sondern auf tiefgreifende strukturelle Bedingungen zurückzuführen.

Das Hauptproblem war und ist die geographische Entfernung, auch vom inländischen Absatzmarkt. Eine Faustregel lautet «Eine Krone mehr pro Kilo Fracht» – egal worum es geht. Im Klartext heißt dies schlechtere Absatzmöglichkeiten im Wettbewerb mit anderen inländischen Regionen und gleichzeitig auch höhere Kosten beim Import (dieser Terminus ist auf der Insel gebräuchlich) von Waren und Gütern zur Weiterverarbeitung aus Westdänemark. Außerdem unterscheidet sich die Wirtschaftsstruktur der Insel gravierend von der westdänischer Regionen. Als die große Industrialisierungswelle um 1960 Dänemark erfaßte, ging der Zug westwärts – nach Jütland und Fünen – und an Bornholm vorbei. Noch heute sind hier zehn Prozent der Erwerbstätigen in Landwirtschaft und Fischerei beschäftigt, im restlichen Dänemark gerade noch fünf Prozent. Hinzu kommt, daß fast zwei Drittel der in der Industrie Beschäftigten indirekt von diesen beiden Wirtschaftszweigen abhängig sind, da sie die Landwirtschafts- und Fischereiprodukte weiterverarbeiten. Beiden Wirtschaftszweigen geht es aber nicht gut. Von den 4000 Bauernhöfen, die es 1950 noch gab, war 20 Jahre später nur noch die Hälfte übrig, weitere 15 Jahre danach nur noch ein Viertel. Von diesen Höfen sind knapp die Hälfte landwirtschaftliche Haupterwerbsbetriebe in der Größenordnung 50 bis 60 Hektar. Sie haben die Produktion von Futtergetreide (etwa Luzerne), Schlachtvieh und Geflügel effizient rationalisiert.

Den Lebensraum der Bornholmer Kaufleute am Ende des 19. Jahrhunderts spiegelt Erichsens Gård. Das einstöckige Fachwerkhaus liegt in der Altstadt von Rønne. Möblierte Wohnräume und ein alter Garten mit seltenen Pflanzen sind zu bewundern.

Fortsetzung Seite 50

Um die Geschichte des bäuerlichen Lebens auf Bornholm zu illustrieren, werden den Besuchern in Melstedgård auch traditionelle Trachten vorgeführt.

Als «lebendes Museum» konzipiert, ist Melstedgård auch und gerade für Kinder ein Vergnügen. Vor allem der Bestand alter Haustierarten erobert die Herzen der jungen Besucher.

EIN DÄNISCHES WORPSWEDE – KUNST UND MALEREI AUF BORNHOLM UND CHRISTIANSØ

Wer das Bornholmer Kunstmuseum besucht, begibt sich in eine der wirklichen Schatztruhen dänischer Malkunst, denn Bornholm und Christiansø waren um die Jahrhundertwende das Worpswede Dänemarks. Und bis heute lassen sich Maler und Bildhauer, die auf der Ostseeinsel tätig sind, von der Landschaft inspirieren.

Ein wichtiger Vorläufer der «Bornholm-Maler» war der in Rønne geborene Christian Zahrtmann (1843–1917). Er malte eine Reihe von Landschaftsbildern auf der Ostseeinsel und weckte bei seiner späteren Lehrtätigkeit das Interesse seiner Schüler für die bornholmische Landschaft. Um 1910 wohnte eine ganze Künstlerkolonie auf Christiansø. Sie richteten sich gegen die vorherrschenden naturalistischen und impressionistischen Strömungen der damaligen Zeit: Unter ihnen waren der Expressionist und Gründer der Kampfschrift «Klingen» Axel Salto (1899–1961) und der von Cézanne stark beeinflußte Kubist S. Danneskjold-Samsøe (1874–1961). Entscheidenden Einfluß auf die Erneuerung der dänischen Malerei des 20. Jahrhunderts hatten aber zwei andere Inselbewohner: der schwedische Maler Karl Isakson (1878–1922) und Edvard Weie (1879–1943).

Karl Isakson fand auf Christiansø eine Synthese aus der schwedischen Felslandschaft und den italienischen Farben, dazu eine beispielhafte Ruhe und Abgeschiedenheit, die ihm die nötige Konzentration bei seinen Studien der Farben im Wechsel von Licht und Landschaft verschaffte. Seine sieben auf Christiansø entstandenen Landschaftsbilder beginnen eine Reihe kubistisch inspirierter Arbeiten, die er in Gudhjem fortsetzte. Mag er auch als Pionier der Bornholmer Maler gefeiert werden, er selbst verstand sich nicht als Führungsfigur. Wenn er abends durch die Straßen Gudhjems ging, trug er die Leinwand auf dem Kopf, und zwar mit der bemalten Seite nach oben – damit keiner seine Bilder sah.

Von ganz anderem Temperament war Edvard Weie, der sich nach einer Frankreichreise im Jahr 1912 mit dem Spannungsverhältnis zwischen Licht und Landschaftsformen befaßte (etwa auf seinem Bild «Sonnenschein auf Christiansø», 1913). Er war ein unruhiger Geist, in dessen Augen die dänische Landschaft grundsätzlich «planlos», «unordentlich» und «in Sirup getüncht» war. Eigene Werke, die ihm mißfielen, verbrannte er kurzerhand im Herd der Pension Koch.

Oben: Olaf Rude, «Frühlingssonne bei Allinge», um 1930.

Unten: Karl Isakson, «Ausblick auf Gudhjem», 1921.

Rechts, von oben nach unten: Das Bornholms Kunstmuseum in Rø, ein architektonisch ansprechender Bau, beherbergt vor allem die Werke der Bornholmer Maler.

In vielen gelungenen Bildern wurden Bornholms Landschaften, Höfe und Stimmungen festgehalten.

Rechts oben: Olaf Høst, «Winterlandschaft», 1940.

Rechts unten: Edvard Weie, «Stilleben», um 1923.

Mittlere Spalte: Niels Leergard, «Grüne Landschaft am Meer», 1941.

1920 verließ er die Erbseninsel: Die Schafe auf Christiansø, so behauptete er, hätten jenes grüne Gras gefressen, dessen Farben im Wechselspiel zwischen dem blauen Meer und den ockergelben Backsteingebäuden für ihn unentbehrlich seien. Dort könne er nicht mehr arbeiten. Der menschlich zweifelsohne recht komplizierte Künstler gilt heute als einer der bedeutendsten dänischen Koloristen.

Christiansø und Gudhjem zogen die neue Künstlergeneration an: «Auf Schritt und Tritt» traf man in den zwanziger und dreißiger Jahren von Svaneke bis Gudhjem und weiter nach Allinge-Sandvig die Künstler mit ihren Staffeleien, schreibt der Kunsthistoriker Ernst Mentze. Es waren unter anderem Olaf Rude (1866 bis 1957), der 1919 als von Picasso inspirierter Kubist nach Gudhjem zog, sich dort allerdings mehr der impressionistischen Natur- und Personendarstellung widmete; ferner Kræsten Iversen (1866 bis 1955), Niels Leergard (1895–1982) und Richard Mortensen (1910–1993), die später an der Kunstakademie von Kopenhagen lehrten, und Carl Henning Pedersen (geboren 1913), der ein Mitbegründer der COBRA-Gruppe werden sollte – um nur einige Namen herauszugreifen.

Der bedeutendste unter den gebürtigen Bornholmer Malern war Oluf Høst (1884–1966). Durch Weie inspiriert, entdeckte er die französische Malerei. So zeigten seine Werke, als er 1929 nach Gudhjem zog, starke Einflüsse von Cézanne und Matisse. Auf seinen beiden Bauernhöfen, «Norrasân» und «Bognemark» entwickelte er seine spezifische Landschaftsmalerei, die eine fast mystische Bindung zu den Naturelementen verrät («Bauernhof, Bornholm», ca. 1940; «Winternacht», 1941). Von der Darstellung des Feuers besessen, traf er mit der Feuerwehr die Vereinbarung, daß diese ihn jedesmal anrief, wenn ein Bauernhof in Flammen stand. Die Gegend um seine Höfe herum und die Heringsräuchereien («Heringsfrauen», 1963) waren seine bevorzugten Hauptmotive. Oluf Høst hat wie kein anderer Maler während der vielen Jahre, die er auf der Insel lebte, die bornholmische Natur zu allen Jahreszeiten prägnant geschildert.

Es ist das Licht, und es sind die Farben, die auch spätere Generationen von Malern nach Bornholm zogen. Es gibt heute keine Gruppe mehr, die mit dem Begriff «Bornholm-Maler» bezeichnet wird. Die jüngste Generation der bildenden Künstler auf der Insel – zum Beispiel Inge Lise Westmann, Niels Sylvest und Tonning Rasmussen – setzt sich sogar bewußt von den «Großen Alten» ab, indem sie sich von der Tradition gelöst hat und mit neuen Ausdrucksmitteln arbeitet.

Spricht man über die bornholmische Kunstszene, so gehört auch den dort arbeitenden Bildhauern ein Wort: Über die Grenzen der Insel hinaus bekannt sind Ole Christensen, dessen Material der Granit in seinen vielen Schattierungen ist, und Arne Ranslet (ursprünglich ein angesehener Keramiker); seine Bronzeskulpturen stehen auch in mehreren deutschen Städten (unter anderen Hamburg-Harburg). Auch Frauen sind in dieser Kunstgattung vertreten. Die vorwiegend als Malerin bekannte Inge Lise Westmann zählt mit ihren gußeisernen Objekten zu den anerkannten Bildhauerinnen der Insel, ebenso Vibeke Barfoed, deren Eisenskulpturen zeitgenössische Themen wie Umweltschutz und Zerstörung unseres natürlichen Lebensraums aufgreifen.

Eher selten verwendet in der Kunst wird das Werkzeug, mit dem Jens Jakob Sabber aus Gudhjem Papier bearbeitet: die Schere. Seine höchst phantasievollen und kreativen Scherenschnitte stellen Dämonen und Trolle dar, die er mit verschiedenen Farbmaterialien koloriert. Ein Blick in seine Galerie Solberg in Rønne zeigt den Besuchern, daß es nicht erst eines Lehrstuhls für Scherenschnitte bedarf, um die gestalterischen Möglichkeiten dieser Technik zu ergründen.

Abschließend sei festgestellt: War Bornholm in der politischen und wirtschaftlichen Geschichte Dänemarks früher eher eine Fußnote, so nimmt es in der dänischen Kunst einen Platz ein, der ganz und gar nicht peripher ist. *Maria Eysell*

Wer Bornholm als blühendes Paradies erleben will, sollte die Ostseeinsel im Frühsommer besuchen.

Nach dem Fang werden die Heringe ausgenommen und an der Luft getrocknet, bevor sie in den Rauch wandern.

Für die Bornholmer Fischer ist das Wort «Fangquote» seit langem ein Reizwort. Die erlaubten Fangmengen für Ostseedorsche wurden zwischen 1985 und 1990 um fast die Hälfte (von 100 000 auf 53 000 Tonnen) und innerhalb von zwei weiteren Jahren wieder um weitere 50 Prozent zusammengestrichen. Der Tiefpunkt wurde 1993 erreicht (9600 Tonnen). Die sozialen Folgen in Form von Arbeitslosigkeit und Betriebsschließungen liegen auf der Hand. Staatliche Fördermaßnahmen können das nur zum Teil auffangen. So wird der Fang der sogenannten «Geschenkheringe» subventioniert, die in bornholmischen Fischereibetrieben weiterverarbeitet werden und als Lebensmittelhilfe an Lettland und Rußland gehen. Ebenso fördert der Staat die Lachszucht in dem besonders hart betroffenen Hafen Neksø. Nichts kann aber darüber hinwegtäuschen, daß die Überfischung der Ostsee auf lange Zeit Probleme für den historisch bedeutsamsten Wirtschaftszweig der Insel nach sich ziehen wird.

NEUE PERSPEKTIVEN

Im Gegensatz zu den anderen Erwerbszweigen hat sich das Tourismusgewerbe auf Bornholm insofern positiv entwickelt, als eine Vervierfachung der Besucherzahlen seit 1959 zu verzeichnen ist. Dabei will man die Insel nicht in ein Eldorado – oder Inferno – des Fremdenverkehrs verwandeln. Weil der Fremdenverkehr aber nur ein Saisongeschäft ist, verlassen viele junge Bornholmer auf der Suche nach beständigen Perspektiven ihre Heimat. Um so wichtiger für die Zukunft der Insel sind die Beschäftigungs-, Ausbildungs- und Strukturförderungsmittel, die mit dem von der Regierung in Kopenhagen verabschiedeten «Bornholmer Paket» der Insel zugeflossen sind.

Die einflußreiche Wirtschaftskammer (Erhvervsrådet) gründete Anfang 1992 ein «Baltisches Haus» in Rønne mit dem Ziel, den Handel mit den Ostseeanrainerstaaten zu fördern. Beabsichtigt wird, über ein Netzwerk mit anderen Industrieunternehmen in Dänemark, Aufträge, zum Beispiel im Bausektor, an Bornholm zu binden; ebenso setzt man darauf, die Infrastruktur der Ostsee auszubauen. Kooperationsverträge wurden mit der polnischen Provinz Slupsk geschlossen. Das Baltische Haus arbeitet mit der bornholmischen Verwaltung zusammen, und im Rahmen dieser Aktivitäten wird zum Beispiel das Landvermessungs- und Grundbuchsystem in Lettland modernisiert. Koordiniert und finanziert werden diese Projekte alle im Rahmen des Bornholmer Pakets, das auch Mittel für die Ausbildung von Medienfachleuten, Kulturschaffenden und Forschern aus dem Baltikum und Polen bereitstellt. Hier werden Investitionen in die Zukunft der Insel getätigt, damit sie von Anfang an Teil einer sich gerade formierenden neuen Ostseeregion wird.

Hier verwandelt sich Silber in Gold: Im unteren Teil dieser Schornsteine hängen die silberschimmernden Heringe, um während des Räuchervorgangs zur goldglänzenden Spezialität der Insel, den «Bornholmern», zu werden.

Entscheidend für das Aroma der «Bornholmer» ist das Räucherholz. Es stammt von Erlen aus dem Forst von Almindingen.

«Sonne über Gudhjem» heißen rauchwarme «Bornholmer», mit etwas Salz bestreut, in Eigelb getunkt. Dazu schmeckt Roggenbrot.

turist-filmer
på Bornholm

BORNHOLM: PLANEN · REISEN · GENIESSEN

INHALT

Von den etwa 120 Menschen, die heute auf den Erbseninseln wohnen, leben die meisten von der Fischerei (**siehe auch Seite 67**).

DATEN · FAKTEN · ZAHLEN

LAGE. Bornholm liegt in der Ostsee auf 55 Grad nördlicher Breite und 15 Grad östlicher Länge, das heißt auf gleicher Länge wie Szczecin (Stettin) in Polen und auf gleicher Breite wie die Grenze zwischen Dänemark und Deutschland.
Vom östlichen 15. Längengrad aus wird die mitteleuropäische Zeit berechnet, die auch Gudhjem-Zeit genannt wird. Der Meridian führt direkt durch den Ort Gudhjem im Nordosten Bornholms, so daß die Sonne hier mittags um zwölf Uhr am höchsten und direkt im Süden steht.

GRÖSSE. Die Insel Bornholm ist etwa 588 Quadratkilometer groß und damit die fünftgrößte Insel Dänemarks. Die östlich von Gudhjem gelegenen Erbseninseln (Ertholmene) nehmen gerade 0,38 Quadratkilometer ein. Auf Bornholm leben mehr als 45 000, auf den Erbseninseln etwas über 100 Menschen.
Die Küstenlinie Bornholms erstreckt sich über 141,40 Kilometer, die Zahl der Binnenseen auf der Ostseeinsel beträgt 67. Die höchste Erhebung auf Bornholm, zugleich die dritthöchste Dänemarks, ist mit 167 Metern der Rytterknægten, der im Waldgebiet von Almindingen liegt.

VERWALTUNG. Bornholm bildet einen der 14 dänischen Landkreise (*amt*); der Sitz der Kreisverwaltung befindet sich in Rønne (ungefähr 14 400 Einwohner). Zum Landkreis gehören die fünf Gemeinden (*kommuner*) Allinge-Gudhjem, Hasle, Neksø, Rønne und Åkirkeby. Aus historischen Gründen haben die Erbseninseln nicht den Status einer selbständigen Gemeinde, sondern werden vom Verteidigungsministerium verwaltet.

KLIMA. Das milde und sonnenreiche Klima begünstigt Bornholm, die »Sonneninsel der Ostsee«, als Urlaubsziel. Zwar

setzt der Frühling hier später ein als im westlichen Dänemark, dafür verläuft der Sommer weniger launisch. Die durchschnittliche Niederschlagsmenge ist niedriger als sonst in Dänemark: 634 Millimeter gegenüber 706 Millimetern (1992). Die mittleren Temperaturen liegen auf Bornholm im Sommer bei 17 Grad Celsius, und das für diese Region warme Wetter hält länger an, weil die Ostsee als Wärmespeicher fungiert. Die Ostseite der Insel hat im Vergleich zur Westseite das trockenere Klima; die noch weiter östlich gelegenen Erbseninseln (vergleiche hierzu auch den Informationskasten auf Seite 67) leiden mitunter sogar unter Wassermangel.

Dieser statistische Befund ändert aber nichts daran, daß es während der Sommermonate gelegentlich regnet und stürmt. Regen- und windfeste Kleidung ist daher nie falsch, denn wohlgerüstet hat auch ein Spaziergang an einem stürmischen Tag seinen Reiz. Als schönste Reisezeit gelten die Monate von Mai bis September.

VERKEHR UND TRANSPORT. Bornholm verfügt über ein ausgesprochen gut ausgebautes Straßennetz von insgesamt 1098 Kilometern Länge, das von zahlreichen Rad- und Wanderwegen ergänzt wird, so daß die Wahl des Transportmittels ganz im Belieben des Besuchers steht. Zuständig für den öffentlichen Personennahverkehr ist die Bornholmische Verkehrsgesellschaft (BAT), die auf neun verschiedenen Routen Passagiere und deren Fahrräder (soweit genügend Stauraum zur Verfügung steht) in alle Ecken der Insel befördert. Autos und Fahrräder können auf der Insel gemietet werden (Adressen in der Wochenzeitung *Bornholm diese Woche*). Fährverbindungen zu den Erbseninseln bestehen von Svaneke, Allinge und Gudhjem aus.

AUSKUNFT

ERSTE INFORMATIONEN über Bornholm bietet das *Dänische Fremdenverkehrsamt*, Glockengießerwall 2–4, 20095 Hamburg, Tel. 040/327803.

NÄHERE AUSKÜNFTE und Buchungen in allen guten deutschen Reisebüros; außerdem bei den von den dänischen und schwedischen Staatsbahnen betriebenen Agenturen: *Reisebüro Norden GmbH*,

Ost/West-Str. 70, 20457 Hamburg, Tel. 040/3600150, Fax 040/363211 und Immermannstr. 54, 40210 Düsseldorf, Tel. 0211/360966, Fax 0211/365532 sowie *Skandinavisches Reisebüro GmbH*, Calwer Str. 17, 70173 Stuttgart, Tel. 0711/2263061, Fax 0711/2264079 und Kurfürstendamm 206, 10719 Berlin, Tel. 030/8832701, Fax 030/8827540.
Bornholms zentrale Auskunftsstelle ist das *Velkomstcenter*, Nordre Kystvej 3, DK-3700 Rønne, Tel. 0045/56/959500.

WEITERE FREMDENVERKEHRSÄMTER:
Åkirkeby. *Sydbornholms Turistbureau*, Torvet 2, 3720 Åkirkeby, Tel. 56974520 (Mo–Fr 9–16.30 Uhr, Sa 8–13 Uhr).
Allinge-Sandvig. *Nordbornholms Turistbureau*, Kirkegade 6, 3770 Allinge, Tel. 56480001 (Mo–Fr 9–17 Uhr, Sa 9–13 Uhr).
Gudhjem. *Gudhjem Turistbureau*, Åbogade 9, 3760 Gudhjem, Tel. 56485210 (Mo–Fr 9–17 Uhr, Sa 9–12 Uhr).
Hasle. *Hasle og Omegns Turistbureau*, Storegade 64, 3790 Hasle, Tel. 56964481 (Mo–Fr 9–16.30 Uhr, Sa 9–12 Uhr).
Neksø. *Neksø-Dueodde Turistbureau*, Aasen 4, 3730 Neksø, Tel. 56493200 (Mo–Fr 9–17 Uhr, Sa 9–12 Uhr).
Svaneke. *Svaneke og Omegns Turistbureau*, Storegade 24, 3740 Svaneke, Tel. 56496350 (Juni bis August: Mo–Fr 9.30–16.30 Uhr, Sa 9–14 Uhr; September bis Mai: Mo–Mi 10–16 Uhr, Do, Fr 11–17 Uhr).

WICHTIGE ADRESSEN

ÄRZTLICHER NOTDIENST. Er wird außerhalb der normalen Praxiszeiten bis 22 Uhr von zwei Ärzten, zwischen 22 Uhr und 8 Uhr von einem Arzt wahrgenommen. Patienten können auch den Notarzt im Zentralkrankenhaus Bornholms (*Bornholms Centralsygehus*, Sygehusvej 9, Rønne, Tel. 56955054) in Rønne aufsuchen, jedoch nur nach telefonischer Voranmeldung. Das Krankenhaus hat eine Unfallstation mit Tag- und Nachtdienst.

KONSULAT *der Bundesrepublik Deutschland*: Honorarkonsul Erik Ipsen, Store Torv 12, 3700 Rønne, Tel. 56952211.

NOTFÄLLE. Notruf *Feuerwehr*: 112; Notruf *Polizei*: 112; von Telefonzellen aus ist der Anruf unentgeltlich.

ANREISE

SCHIFF. Von Deutschland aus gibt es drei Direktverbindungen nach Rønne: Die Autofähre von Saßnitz auf Rügen (Fahrtdauer: 3 h 30 min, ganzjährig, in der Hauptsaison vom 1. Juni bis 15. September täglich, ansonsten fünfmal pro Woche), die Autofähre von Neu-Mukran ebenfalls auf Rügen (3 h 40 min, Ende Mai bis Ende September), und die Personenfähre von Saßnitz (etwa drei Stunden Fahrzeit, Mai bis Oktober, Fahrräder können mitgenommen werden).
Innerdänische Hauptverbindung ist die von der Gesellschaft *Bornholmstrafikken* betriebene tägliche Autofähre Kopenhagen–Rønne (7 h, ganzjährig nachts, eine Tagesverbindung zusätzlich während der dänischen Schulferien Ende Juni bis Anfang August). Die *Bornholmstrafikken* bietet auch eine tägliche Verbindung von Ystad (Schweden) nach Rønne an (2 h 30 min, ganzjährig).

BUS. Es besteht eine regelmäßige Busverbindung von Berlin über Saßnitz nach Rønne. Von Dänemark aus gibt es den Bornholmer Bus vom Hauptbahnhof Kopenhagen über Ystad nach Rønne (5 h 30 min, ganzjährig, täglich). Außerdem die Transitroute ab Havnegade (Hafen) über Malmö und Ystad (4 h 45 min, ganzjährig, täglich).

FLUGZEUG. In der Hauptsaison (Mai bis Mitte September) bietet die Lufthansa Direktflüge von Berlin, Düsseldorf, Frankfurt/Main und Hamburg nach Rønne an. Ganzjährige innerdänische Verbindungen gibt es vom Flughafen Kastrup (bei Kopenhagen) mit der Fluggesellschaft DANAIR (Flugzeit: 35 min).

In der Umgebung von Snogebæk laden zahlreiche hübsche Ferienhäuser zum Verweilen ein.

UNTERKUNFT

Jede zehnte dänische Familie besitzt ein Ferienhaus im eigenen Land. Das Angebot der Ferienhausvermieter ist dementsprechend breit (Buchungen entweder über ein deutsches Reisebüro oder vor Ort bei den Touristenbüros). Es erstreckt sich von Ferienhausanlagen mit verschiedenen Dienstleistungen bis zu abgelegeneren Einzelhäusern mit geringem Komfort. Die rund 50 Hotels und Pensionen findet man

Ein Kaufmannsladen in Svaneke um 1920.

hauptsächlich in und um Rønne herum sowie im Norden der Insel (Allinge-Sandvig). Nicht ausschließlich für Jugendliche gedacht sind die fünf Jugendherbergen (Rønne, Hasle, Sandvig, Gudhjem, Svaneke), sondern, wie die dänische Bezeichnung *vandrerhjem* besagt, für Wanderer ganz allgemein, das heißt auch für Familien. Wer einen Urlaub in wirklich ländlicher Umgebung machen will, hat die Gelegenheit, Zimmer auf einem Bauernhof zu mieten oder in entsprechend eingerichteten Planwagen zu übernachten und verschiedene Bauernhöfe zu besuchen (Informationen beim Bornholms Velkomstcenter, Rønne). Außerdem bieten 15 vorwiegend an den Küsten gelegene Campingplätze den Bornholmreisenden naturnahe Übernachtungsmöglichkeiten.

EINKAUFEN UND SOUVENIRS

Es ist nicht zwingend notwendig, größere Vorräte nach Bornholm mitzubringen, denn überall gibt es gute Einkaufsmöglichkeiten. Frisches Obst und Gemüse kann man auch auf den Wochenmärkten in den Städten erwerben. Im Sommer stehen vor vielen Privathäusern Körbe mit Obst und Gemüse an der Straße; die Anwohner vertrauen darauf, daß die Käufer ihren Obolus freiwillig entrichten!
Als Mitbringsel aus Bornholm eignen sich die von mehreren Heringsräuchereien angebotenen, reisegerecht verpackten Fischspezialitäten (Räucherlachs, Räucheraal, Heringe). Ebenso typische regionale Produkte sind die Erzeugnisse aus den unzähligen kunsthandwerklichen Betrieben (*siehe Seite 71*): Keramik, mundgeblasenes Glas, Tonprodukte und Steingut. Vergleichsweise preiswert sind auch Antiquitäten, mit Ausnahme der alten bornholmischen Standuhren (Nachbauten werden auf Bornholm handwerklich angefertigt).

ÖFFNUNGSZEITEN. Banken: Montags bis freitags 9.30 bis 16 Uhr, donnerstags bis 18 Uhr (kleinere Geschäftsstellen können kürzere Öffnungszeiten haben). **Postämter**: Montags bis freitags 10 bis 17 Uhr, samstags 10 bis 12 Uhr (in einigen kleinen Orten kürzere Öffnungszeiten, in Ortschaften ohne eigenes Postamt Postdienstleistungen beim Supermarkt Brugsen). **Geschäfte**: Grundsätzlich montags bis freitags 9 bis 17 Uhr, samstags 9 bis 12 Uhr. Die Liberalisierung des dänischen Ladenschlußgesetzes hat jedoch viele Ausnahmen zur Folge gehabt: Supermärkte haben zum Teil sonntags auf, unter der Woche an einem Tag bis 20 Uhr, Kioske bis spätabends und sonntags. Brot bekommt man auch sonntags in den Bäckereien (unterschiedliche Öffnungszeiten).

SMØRREBRØD, FISCH UND AQUAVIT

Die dänische Küche gehört zu den eher deftigen, die Portionen sättigen auch starke Esser. Schon das Frühstück ist reichhaltig: Käse, Wurst und Eier gehören dazu, auch Süßes, seltener jedoch das, was man in der angelsächsischen Welt als *Danish Pastry* feilbietet. Dieses Kopenhagener Gebäck sollte man zum Nachmittagskaffee in der Originalversion ausprobieren.

Kalte Büfetts – Festessen auf dänisch.

Mittagszeit ist zwischen 12 und 14 Uhr. Zum *frokost*, dem Mittagessen, gehört das berühmte *smørrebrød*. Das sind üppig belegte Brote, die mit *spegepølse* (dänische Variante der Salami), mit *leverpostej* (Leberpastete) oder mit *rullepølse* (dem norddeutschen Sauerfleisch verwandt) zu den absoluten Klassikern gehören. Viele Restaurants bieten, teilweise auch abends, *det store kolde bord*, das Große Kalte Büfett, an. Für den kleinen Hunger ist dieses Füllhorn von Fisch- und Fleischspezialitäten, warmen Gerichten und verschiedenen Käsesorten allerdings nichts. Aber man kann ja auch zu einer der kleinen Heringsräuchereien fahren und die noch handwarmen Heringe probieren.
Die Hauptmahlzeit ist das warme Abendessen (*aftensmad*), das in der Regel um 18 Uhr, in Hotels und Restaurants später, aber selten nach 20 Uhr eingenommen wird. Als warmes Hauptgericht bietet es sich an, eine der zahlreichen Fischspezialitäten auszuprobieren: Lachs, Scholle, Kabeljau und Schalentiere.
Zwar entwickelten sich die Dänen zu begeisterten Weintrinkern, aber auch in guten Restaurants kann man beherzt zum Essen Bier bestellen (Faustregel: je dunkler das Bier, desto höher der Alkoholgehalt). Die Aquavitflasche wird der Kellner in aller Regel unaufgefordert bringen.
Alle Preise in Restaurants sind Inklusivpreise, der Endbetrag kann, muß jedoch nicht aufgerundet werden.

Keine Bornholmer Speisekarte ohne Fisch.

FEIERTAGE, FESTE UND VERANSTALTUNGEN

Es gibt kaum Unterschiede zwischen den dänischen und den deutschen Feiertagen. Der Gründonnerstag ist ein gesetzlicher Feiertag, ebenfalls der *Store Bededag* (Großer Bettag) am vierten Freitag nach Ostern. Während am 1. Mai gearbeitet wird, bleibt der *grundlovsdag* (Verfassungstag) am 5. Juni ab mittags arbeitsfrei.

Pølser, die dänische Version des Hot dog.

Unter den vielen Veranstaltungen sind die Tierschau im Almindinger Wald Ende Juni und das Quellenfest in Svaneke die bekanntesten (am 23. Juni).
Über die Insel hinaus bekannt ist das **Bornholmsk Musikfestival**, das im Juli und August stattfindet. Die Konzerte werden mehrmals pro Woche in den Kirchen der Insel gegeben. Dänische und ausländische Ensembles führen Werke klassischer und zeitgenössischer Komponisten auf (nähere Angaben in *Bornholm diese Woche*).

Als Handelsobjekt Nummer eins ließ der Hering im Mittelalter die Bornholmer wohlhabend werden. Als mit EU-Fangquoten belegte Delikatesse ist er heute zum vielgefragten kulinarischen Wahrzeichen Bornholms aufgestiegen.

Gäbe es den Ostseehering nicht, vielleicht wäre so manch hübscher Ort an der Küste Bornholms gar nicht erst entstanden. Ihm verdanken Rønne, Neksø, Hasle, Svaneke und Gudhjem ihre Stadtprivilegien, aber auch viele kleine Fischersiedlungen wie etwa Tejn, Sandkås oder Snogebæk wurden nur deshalb gegründet, weil die »Ware« gleich vor der Küste in Schwärmen vorhanden war. Bornholm hatte das Glück und zugleich das Pech, innerhalb eines Gebiets zu liegen, das man heute »Interessensphäre« der Lübecker Hanse nennen würde. Der Ausdruck »die lübschen Ströme« mag zwar romantischer klingen, bedeutet aber dasselbe. Die hanseatischen Kaufleute kamen auf die Insel, gründeten ihre eigenen Gilden und begannen, einen lebhaften Handel mit den eigenen und den Produkten der Insel zu treiben. Der Wohlstand, der schon damals auf der Insel herrschte, blieb ihnen nicht verborgen, und so kam es gleich dreimal im Laufe von wenigen Jahren (1509–1522) zu großen Plünderungsaktionen, die die Insulaner aber wacker verkrafteten. 50 Jahre herrschten die Lübecker über die Insel, doch als ihre Zeit zu Ende ging, war auch der »Boom« vorbei. Dennoch blieb der Heringsfang bis ins 20. Jahrhundert eine ganz wesentliche Einnahmequelle der Fischer. Mit den ersten Quotenregelungen in den siebziger Jahren, die zum Schutze des Ostseeherings eingeführt wurden, kam jedoch eine neue Rolle auf den kleinen Fisch zu: die der kleinen, aber feinen Delikatesse. Das war er früher nicht, wie der Bornholmer Schriftsteller Martin Andersen Nexö in seinem Roman »Pelle der Eroberer« schrieb: »Zu Pelles Zeiten war gesalzener Hering das wichtigste Nahrungsmittel der Bornholmer. Es war das stehende Frühstücksgericht in allen Schichten der Gesellschaft, und in den unteren beherrschte es auch den Abendtisch – und kehrte zuweilen auch des Mittags in etwas veränderter Gestalt wieder«. Mit letzterem spielte Nexö auf den sogenannten *Søvekall* an, ein Gericht, das aus Salzhering mit einer in Milch oder Bier gekochten Grütze bestand. Vielleicht hat dieses Gericht nicht so den Geschmack einiger schottischer Söldner getroffen, die auf Christiansø stationiert waren. Denn es heißt, sie seien die Erfinder des *geräucherten Bornholmers*, weil sie auf die Idee kamen, den Hering in den offenen Schornsteinen ihrer Steinhütten zu räuchern. Das sprach sich bis zur Versorgungsstation der Garnison, Gudhjem, herum, und 1866 bauten die Gebrüder Koch hier die erste Heringsräucherei.
Übriggeblieben sind heute die Räuchereien in Hasle, Allinge, Gudhjem, Neksø, Svaneke, Snogebæk und Vestre Sømark. In den charakteristischen flachen Bauten mit den weißen Schloten werden die Heringe zuerst getrocknet und dann über dem Holz der Roterle geräuchert. Der Prozeß muß langsam vonstatten gehen, und damit keine Flammen entstehen, wird das Holz feucht gehalten. Wichtig ist, daß das Fett langsam abtropft, denn nicht die Größe des Herings, sondern der beim Fang vorhandene Fettgehalt entscheidet über seine Qualität.
Es gibt den geräucherten Hering pur oder mit verschiedenen Zutaten, aber man kann ihn auch ganz anders zubereiten. Aus dem Hering in Kräuterlake etwa hat man auf Christiansø eine eigenständige Spezialität gemacht, die überall in Dänemark verkauft wird. Was man aus Hering alles zaubern kann, sollen die folgenden zwei Beispiele aus Hugo Jensens Kochbuch »Geräucherte und gesalzene Bornholmer« (Rønne 1993) zeigen.

VOM ALLTAGSGERICHT ZUR DELIKATESSE

Der Hering hat einen zentralen Platz in Bornholms Geschichte

Erst werden die Heringe sortiert und aufgehängt (oben), dann kommen sie in den Rauch (unten). Historische Fotografien nach 1920.

Marinierter Hering

Kopf und Schwanz der gesalzenen Heringe abschneiden. Eingeweide entfernen und den Fisch 24 Stunden wässern. Am nächsten Tag die Heringe filetieren und nochmals vier bis fünf Stunden wässern. Inzwischen die Lake zubereiten: 3 dl Essig, 3 El Zucker, 1 dl Wasser, Pfefferkörner und Lorbeerblätter aufkochen lassen. Die Heringsfilets in die erkaltete Lake legen und über Nacht im Kühlschrank ziehen lassen. Mit Schwarzbrot und Zwiebelringen servieren.

Sonne über Gudhjem

Den frisch geräucherten Hering von Haut und Gräten befreien. Eine Scheibe Schwarzbrot mit den Filets und einem rohen Eigelb belegen. Mit Zwiebelringen, Schnittlauch und Radieschen garnieren. Mit grobem Küchensalz und frisch gemahlenem Pfeffer würzen. *Maria Eysell*

Seit 1990 kommen jedes Jahr im Mai begeisterte Cineasten zum **baltischen Filmfestival** nach Bornholm.
Während der Sommermonate gibt es außerdem eine ganze Reihe von Stadt- und Hafenfesten: Das Blumenfest in Åkirkeby, das Neksø Lachsfestival, das Heringsfest in Hasle, das Sommerfest in Svaneke, das Hafenfest in Snogebæk oder der Nordland-Markt in Allinge. All diese Veranstaltungen haben Volksfest- und Jahrmarktcharakter. Ebenso in die Kategorie der vergnüglichen Veranstaltungen fällt der Große Spieltag (*Store Legedag*) bei Galløkken und das Veteranen-Autorennen in Østermarie (genaue Angaben zu den Veranstaltungen finden sich in *Bornholm diese Woche*).

AUSFLÜGE UND RUNDFAHRTEN

FÜHRUNGEN. Die Bornholmische Forstverwaltung und die Kreisverwaltung von Bornholm geben eine gemeinsame Broschüre heraus mit dem Titel «Erleben Sie Bornholm – Touren mit Ratgeber/Deutsche Führungen». Darin finden sich genaue Informationen zu Führungen durch Museen und geologisch interessante oder naturschöne Gebiete. Das *Nordbornholms Turistbureau* veranstaltet verschiedene Touren speziell für deutsche Touristen.

INSELRUNDFAHRTEN. «Über Stock und Stein» (*Over stok og sten*) nennt die Bornholmische Verkehrsgesellschaft ihren Pro-

Im Melstedgård wird das ländliche Brauchtum der vergangenen 300 Jahre lebendig.

spekt, in dem fünf kombinierte **Bus- und Wandertouren** über die Insel dargestellt werden. Sehenswürdigkeiten außerhalb der Städte und die bornholmische Natur stehen im Mittelpunkt der Ausflüge. Das System ist einfach und mit einer Tages- oder Wochenkarte recht preiswert: Man nimmt einen Linienbus und fährt bis zu einer Haltestelle, an der die ausgewählte

Mit Bussen kommt man auf Bornholm zu den wichtigsten Sehenswürdigkeiten, etwa der Nykirke.

Route beginnt, wandert bis zur angegebenen Stelle, steigt dort erneut in einen Bus, um an einer anderen Station den Ausflug wieder fortzusetzen.
Jeden Donnerstag während der dänischen Schulferien (Ende Juni bis Anfang August) fährt der **Grüne Bus** (*Den grønne Bus*) vom zentralen Busbahnhof in Rønne ab. Während einer sechsstündigen Inselrundfahrt werden bornholmische Umweltprojekte im Bereich der Landwirtschaft, Energieerzeugung, Abfallbeseitigung und des Naturschutzes besichtigt.

Wer sich einen Überblick über das bornholmische Kunsthandwerk (*siehe Seite 71*) verschaffen möchte, kann mit dem **Kunsthandwerkerbus** (*Kunsthåndværkerbussen*) vom zentralen Busbahnhof in Rønne aus auf knapp fünfstündigen Rundfahrten jeweils sieben bis zehn Galerien und kunstgewerbliche Werkstätten besuchen (Ende Juni bis Anfang August vier verschiedene Touren an vier Tagen pro Woche, danach bis Mitte Oktober nur noch zweimal wöchentlich).

RUNDFLÜGE. Den schnellsten Eindruck von der Geographie der Insel verschafft ein knapp einstündiger Rundflug über die Insel (wahlweise kürzere Flugzeiten). Bei klarem Wetter kann man Bornholm aus einer Höhe von etwa 400 Meter aus der Vogelperspektive erleben und sich dabei Anregungen für bodenständigere Ausflüge holen (Abflug ab Flughafen Rønne oder Rø, dort auch nähere Informationen und Buchungen).

SCHIFFSAUSFLÜGE. Von den drei Verbindungen nach Christiansø (*siehe Seite 66*) abgesehen, besteht auch die Möglichkeit, mit einem kleinen Kutter ab Gudhjem Hafen die Helligdomsklipperne bei Rø von der Wasserseite aus zu besichtigen (bis zu fünf Abfahrten täglich in der Hauptsaison, vorher und nachher je nach Bedarf). Ab Helligdommen geht es mit einem kleinen Boot an der Felsküste entlang; eine ähnliche Ausflugsmöglichkeit gibt es auch ab Hammerhavnen an der Nordspitze der Insel: Die kleinen Boote fahren entlang der Küste unterhalb der Burg Hammershus (berühmte Felsformationen, Höhlen). Von Neksø aus kann man Tagestouren nach Swinoujscie und Kolobrzeg (Polen) machen (Buchung beim Neksø-Dueodde Touristenbüro.

SPORTLICHE AKTIVITÄTEN

ANGELN. In Dänemark benötigen Personen im Alter zwischen 18 und 67 Jahren eine Angelkarte, die auf der Post oder bei den örtlichen Touristenbüros gekauft werden kann. Es empfiehlt sich, deutschsprachiges Informationsmaterial zu Schutzbestimmungen und Schutzgebieten bei den Touristenbüros zu besorgen. Diese Broschüren enthalten auch ausgezeichnetes Kartenmaterial mit Angaben über die zahlreichen Angelplätze auf der Insel. Bevorzugte Reviere sind die Gebiete an der Nord- und der Ostküste; Meerforellen gehen entlang der gesamten Bornholmer Küste an den Haken. Die kleineren Häfen gelten als gute Fischgründe. Das Gebiet um Hammeren eignet sich für das Angeln von Dorschen. Flunder, Steinbutt, Hering, und – im Frühsommer – Hornhecht können von Hafenmolen, von Buhnen und vom Strand aus gefangen werden. Ausfahrten zum Dorschangeln gibt es z. B. ab Gudhjem und Snogebæk (Informationen bei Bornholms Velkomstcenter und Neksø Turistbureau). Weiterhin besteht die Möglichkeit, selbst ein Boot zu mieten.

Gut bestückt mit zahlreichen Fischarten sind auch die Binnengewässer Bornholms. Unter anderem Hechte, Zander, Regenbogenforellen und Schleien tummeln sich in zehn verschiedenen, auf der Insel verteilten Angelgebieten.

BADEN/SCHWIMMEN. Das größte Strandgebiet befindet sich an der Südspitze Bornholms bei Dueodde. Kilometerlange Sandstrände ziehen sich von Øster Sømarken bis Snogebæk. Weniger weitläufig, aber gut für kleinere Kinder geeignet, ist der Balka Strand (nördlich von Snogebæk). Auch bei Boderne an der Südwestküste und hinter dem Waldgebiet Blykobbe Plantage gibt es schöne, flache Sandstrände. An der felsigen Nord- und Ostküste beschränken sich die Bademöglichkeiten auf einige Buchten bei Allinge, Sandkås, Gudhjem und Svaneke. Bei schlechtem Wetter muß man nicht aufs Schwimmen verzichten: Hallenbäder befinden sich in Allinge (Wellenbad), Gudhjem und Rønne sowie im Vergnügungspark Brændegårdshaven bei Svaneke (auch für kleine Kinder geeignet).

GOLF. Es gibt drei 18-Loch-Golfplätze auf Bornholm; Greenfee-Spieler sind überall willkommen (Mitgliedschaft in einem anerkannten Golfclub erforderlich). Während der Sommermonate empfiehlt es sich an den Wochenenden, nach Startzeiten zu fragen (Turniere). Geschützt im Waldgebiet liegt der *Bornholms Golfplatz* bei Rønne (Richtung Åkirkeby). Etwas hügelig und mit allen Tücken eines felsigen

Wie für das geruhsame Tempo der Ostseeinsel geschaffen ist der Golfsport (oben). Windsurfer und Badegäste kommen auf Bornholm auf ihre Kosten (Mitte). Als «die schönste Trabrennbahn Dänemarks» bezeichnen nicht nur Einheimische die Bahn im Wald von Almindingen (unten).

BORNHOLM – PARADIES FÜR PEDALRITTER

Radfahrer und -wanderer sind kein Freiwild auf Bornholmer Landstraßen. Sie haben ihre eigene Infrastruktur und können daher im wahrsten Sinne des Wortes ihre eigenen Wege gehen.

Einst sprach die britische Presse naserümpfend von skandinavischen Fahrradmonarchien. Eine Kronprinzessin, die in den fünfziger Jahren auf dem Fahrrad in ihrer künftigen Residenzstadt unterwegs war? Einfach schockierend. Die heutige Königin tat und tut aber nichts anderes als ihre Untertanen: Alle benutzen das auch in den Städten des Landes gut voll ist, wird das Rad mitgenommen. Ein Fahrradurlaub »im Paket« gebucht (Anfrage bei den Touristenbüros vor Ort oder beim *Velkomscentret* in Rønne) hat den Vorteil, daß für Übernachtungsmöglichkeiten schon im voraus gesorgt ist.

Da die Fülle von landschaftlichen und kulturellen Sehenswürdigkeiten Bornholms selten direkt von der Hauptstraße aus »abgehakt« werden kann, bietet sich das Fahrrad besonders als Fortbewegungsmittel auf der Insel an. Es muß auch nicht für teures Transportgeld mitgebracht, sondern kann auf der Insel gemietet werden. Verleihfirmen gibt es in Allinge, Hasle, Neksø-Balka, Neksø, Rønne, Snogebæk und Svaneke; auch einige Ferienanlagen vermieten Fahrräder.

Mit dem Fahrrad kommt man auf Bornholm an die verschwiegensten und schönsten Plätze.

ausgebaute Netz von Radwegen. Fahrradfahrer sind in Dänemark keine Verkehrsteilnehmer zweiter Klasse, im Gegenteil: Man nimmt überall auf sie Rücksicht. Denn in Dänemark ist der Radfahrer der »King of the Road«.

Seit Anfang der achtziger Jahre hat die bornholmische Kreisverwaltung ein Radwegnetz von insgesamt 200 Kilometern Länge geschaffen. Es besteht aus Pfaden, Waldwegen und kleineren, wenig befahrenen kommunalen Straßen. Die Radwege sind mit genauen Kilometerangaben ausgezeichnet beschildert. Und die Hinweistafel »krydsende cyklister« warnt Autofahrer vor kreuzenden Pedalrittern. Empfohlen sei auf Bornholm auch die Kombination aus Fuß- und Radwanderung. Das von der bornholmischen Verkehrsgesellschaft ausgearbeitete Programm »*Über Stock und Stein*« bietet hier eine Möglichkeit: Wenn der Bus nicht zu Im allgemeinen ist die Qualität der geliehenen Drahtesel in Ordnung. Von den natürlichen landschaftlichen und klimatischen Gegebenheiten kann aber auch das beste Fahrrad nicht ablenken: von dem hügeligen Gelände und dem Wind. Vorher eingeholte Informationen über das Gebiet, in dem eine Radtour stattfinden soll, bewahren vor Überraschungen und allzugroßen Strapazen.

Radwege auf Bornholm heißt eine von der bornholmischen Kreisverwaltung herausgegebene Broschüre, die man bei den örtlichen Fremdenverkehrsämtern kaufen kann. Sie enthält Vorschläge für längere Radtouren, Erläuterungen zu den wichtigsten Sehenswürdigkeiten und – last not least – eine Vielzahl praktischer Informationen für Radfahrer (1992 erschienen). Ähnlich konzipiert ist die Broschüre *Küstenpfade auf Bornholm* aus dem Jahr 1993. *Maria Eysell*

Platzes ausgestattet ist der in der Nähe des kleinen Flugplatzes Rø gelegene *Nordbornholms Golfclub*. Flacher und daher bei entsprechendem Wind anspruchsvoll ist der *Dueodde Golfplatz* auf halber Strecke zwischen Pedersker und Snogebæk im Süden der Insel.

REITEN. In Åkirkeby, Hasle, Rønne und Klemensker findet man Reitschulen, die auch Pferde und Ponys vermieten. Anschriften halten die Touristenbüros bereit.

SEGELN/SURFEN. Knapp zwei Dutzend Sportboothäfen können Segler auf Bornholm anlaufen. Die größeren verfügen über kleine Werften, Kräne und Treibstoffversorgung, während die kleineren eher einfach ausgestattet sind.

Es herrscht selten Windstille auf der Insel, daher gilt sie als sehr gutes Ziel für Surfer. Dazu tragen auch die mehr als 50 Kilometer langen Strände rund um die Insel bei. Die besten Bornholmer Surfgebiete finden sich bei Dueodde im Süden (Jomfrugård Strand), bei Nørrekås in der Nähe von Rønne im Südwesten und am Balka Strand im Südosten. Die dortige Surfschule hält zweitägige Kurse (auch für Kinder) ab. Außerdem ist es möglich, eine Surfausrüstung zu leihen.

TENNIS. Verschiedene Hotel- und Ferienanlagen verfügen über eigene Tennisplätze und -hallen. Auf Anfrage ist es manchmal auch Hotelfremden möglich, einen Platz zu mieten. Grundsätzlich können Gäste auch in den Tennisclubs von Rønne, Neksø und Sandvig spielen.

MUSEEN

Von Oldtimern bis zur Bornholmer Schule der Maler reicht das Themenspektrum der Museen auf Bornholm, aber auch typische Wirtschaftszweige bleiben nicht außen vor: Landwirtschaft, Fischerei, Steinindustrie. Einige von ihnen sind *arbejdende museer*, in denen der Einstieg in die Thematik durch praktische Vorführungen oder gar durch die Möglichkeit, selbst Geräte in die Hand zu nehmen, wesentlich unterhaltsamer gelingt als in den manchmal etwas »verstaubt« wirkenden traditionellen Museen. Im folgenden sind die wichtigsten Museen aufgeführt.

BORNHOLMS AUTOMOBILMUSEUM. In einer Kfz-Werkstatt werden historische Autos und Motorräder ausgestellt, ebenso alte Motoren. Ein bißchen in die Atmosphäre jener Jahre findet man sich in einer Kfz-Werkstatt mit Werkzeug und Maschinen aus den zwanziger Jahren zurückversetzt. (Åkirkeby, Grammegårdsvej 1; Juni bis Oktober: Mo–Sa 13–17 Uhr)

BORNHOLMS MUSEUM. Das Regionalmuseum verfügt über kulturhistorische und ethnographische Sammlungen, in denen Funde aus der Frühzeit und dem Mittelalter gezeigt werden. Zu den sehenswer-

Die Heringsräucherei in Gudhjem.

testen Ausstellungsstücken gehören alte bornholmische Uhren, ein komplett eingerichteter alter Kaufmannsladen, eine Arztpraxis und die Christiansø-Stube. Wer sich für bornholmisches Steingut interessiert, kommt hier auf seine Kosten. (Rønne, Sct. Mortensgade 29; April bis Oktober: Mo–Sa 10–17 Uhr, So 13–17 Uhr; November – März: Di, Do, So 14–17 Uhr)

BORNHOLMS KUNSTMUSEUM. In architektonisch ansprechender Umgebung werden Objekte von Künstlern und Kunsthandwerkern gezeigt, die eine Beziehung zu Bornholm haben. Oluf Høst und die Bornholmer Maler stehen im Mittelpunkt der Sammlung; ältere und zeitgenössische Kunst sind gleichermaßen gut vertreten. (Rø, Helligdommen; April – Oktober: täglich 10–17 Uhr; November–März: Di, Do, So 14–17 Uhr)

ERICHSENS GÅRD. Wer Einblick in die bornholmische Stadt- und Bürgerkultur des 19. Jahrhunderts bekommen möchte, sollte an diesem 1807 errichteten Fachwerkhaus im Zentrum von Rønne nicht vorbeigehen. Es wird das Interieur eines Bürgerhauses gezeigt, das bis 1953 der Familie des Kanzleirates Thomas Erichsen gehörte. Zwei Räume würdigen den Maler Kristian Zahrtmann sowie den Maler und Dichter Holger Drachmann. In der Küche kann der Besucher bei der Herstellung von bornholmischen Spezialitäten wie etwa Senf zusehen. Zum Haus gehört ein beschaulicher alter Stadtgarten. (Rønne, Laksegade 7; Mai – Ende Oktober: Mo–Sa 10 bis 17 Uhr, So 13–17 Uhr)

FORSVARSMUSEET. Das Verteidigungsmuseum zeigt Waffen, Uniformen, Ausrüstungen und Bilder aus verschiedenen Epochen der bornholmischen Geschichte. Außerdem wird an einschneidende historische Ereignisse wie das Bombardement von Rønne und Neksø erinnert. (Rønne, Galløkken; Mai – September, 3. Oktoberwoche: Di–Sa 10–16 Uhr)

GUDHJEM MUSEUM. In dem ehemaligen Bahnhofsgebäude, das unter Denkmalschutz steht, befinden sich neben einer Sammlung von bornholmischen Textilien eine Handschuhmacherei sowie ein Saal, der wechselnden Ausstellungen von Kunst und Kunsthandwerk vorbehalten ist. (Gudhjem, Stationsvej 1; Mitte Mai bis Mitte September: Mo–Sa 10–16 Uhr, So 14 bis 17 Uhr; Ostern und Herbstferien (3. Oktoberwoche): täglich 14–17 Uhr)

HAMMERSHUS. Hier wird ein Modell der Festung vor ihrem Verfall gezeigt; außerdem Funde, die auf dem Burggelände gemacht wurden. (Allinge, Langebjergvej 26; Mai bis Mitte Oktober: täglich 10 bis 17 Uhr, Mai und Okt. 10–16 Uhr)

MELSTEDGÅRD. Der reetgedeckte Fachwerkhof beherbergt ein landwirtschaftliches Museum, das das Landleben auf Bornholm während der letzten 300 Jahre eindrucksvoll darstellt. In den Scheunen sind alte Geräte und Maschinen zu sehen. Die Wohnräume des Hofes geben einen Eindruck von der Einrichtung um die Mitte des 19. Jahrhunderts. Der Melstedgård ist auch ein »lebendes Museum«: Es wird zum

Details bürgerlichen Wohnens: Erichsens Gård.

Beispiel die Herstellung von Brot ohne moderne Hilfsmittel gezeigt. Seit 1994 ergänzt ein rekonstruierter alter Kaufmannsladen die Schaustücke. (Gudhjem, Melstedvej 25; Ende Mai – Ende der 3. Oktoberwoche: Di–So 10–17 Uhr) *61*

MOSELØKKEN. Vom Waldweg an der Nordostseite des Steinbruchs aus – einem der wenigen noch existierenden – ist sein Gelände einsehbar. Hier wird der Granit herausgesprengt und gespalten, bevor er zur Weiterverarbeitung nach Rønne kommt. Wegen der Sprengungen dürfen Besucher den Steinbruch selbst nicht betreten. Etwas am Rand steht das aus den fünf bornholmischen Granitarten gebaute *Moseløkkehus*. Eine Ausstellung erläutert die bornholmische Steinindustrie früher und heute. Außer altem Werkzeug und Proben von verarbeiteten Steinen zeigt das Museum auch einen ursprünglichen Hauschuppen, in dem altes Steinmetzhandwerk vorgeführt wird. Wer die eigenen Fähigkeiten im Umgang mit den Werkzeugen unter Beweis stellen möchte, hat hier die Möglichkeit dazu. (Nahe Hammershus, zum Beispiel über den großen Parkplatz zu erreichen; April – Ende der 3. Oktoberwoche: Mo–Fr 10–16 Uhr)

Im Bornholms Kunstmuseum bei Rø.

NEKSØ-MUSEUM. Die Thematik ist mit der Entwicklung der Stadt engstens verbunden, denn im Mittelpunkt stehen die Geschichte der Fischerei, der Seefahrt und des bornholmischen Seerettungsdienstes. Auf der oberen Etage des Museums, das im ehemaligen Rathaus aus dem Jahr 1796 eingerichtet wurde, finden wechselnde Ausstellungen zur lokalen Kunst und Kultur statt. (Neksø, Havnen; Mitte Mai – Ende der 3. Oktoberwoche: Mo–Sa 10–16 Uhr, So nach Vereinbarung)

MARTIN-ANDERSEN-NEKSØ-GEDENKHAUS. Im Elternhaus des weltberühmten Arbeiterschriftstellers wird eine Auswahl seiner Werke gezeigt. Fotos von verschiedenen Stationen seines Lebens sowie aus dem Milieu, das er in seinen Werken so eindrucksvoll beschrieben hat, und Exponate aus dem 1990 geschlossenen Martin-

Im «lebenden Museum» Melstedgård.

Andersen-Neksø-Haus in Dresden sind zu sehen. (Neksø, Ferskesøstræde 36; Mitte April – Ende der 3. Oktoberwoche: Mo–Sa 10–16 Uhr, So nach Vereinbarung)

Das Sigraftaufbecken von 1575 in der Åkirke.

RÄUCHEREI IN HASLE. Die Ausstellung in einer Räucherei aus dem Jahr 1897 informiert über die Geschichte der Heringsräucherei. In den anderen zwei Gebäuden werden die Heringe nach bornholmischer Tradition heiß geräuchert. Vor Ort kann man dabei zusehen und Kostproben zu sich nehmen. (Hasle, Søndre Bæk; Mai bis Ende Oktober: täglich 10–18 Uhr)

SEHENSWERTE ORTE UND LANDSCHAFTEN VON A BIS Z

Ziffern im Kreis verweisen auf die Karte auf Seite 57, kursive Ziffern auf Abbildungen.

ÅKIRKEBY ①. Im Mittelalter die bedeutendste Stadt der Insel, weil die Å Kirche als Dom Bornholms galt und die geistlichen Lehensherren hier ihren Sitz hatten. Bis 1776 fand das *Landesthing* (der Gerichtstag) in Åkirkeby statt – ehe es nach Rønne verlegt wurde. Obwohl zwischen 1900 und 1968 der einzige Eisenbahnknotenpunkt der Insel hier lag (Verbindungen nach Rønne, Neksø und bis 1952 nach Gudhjem), verlor Åkirkeby den Wettbewerb gegen die an der Küste gelegenen Orte. Heute vermitteln die zahlreichen, typisch bornholmischen Fachwerkhäuser eine beschauliche Atmosphäre. Sehenswert ist die *Å Kirche*, deren Ursprünge bis 1150 zurückreichen. Das Baumaterial, grüner Sandstein und Kalkstein, kommt aus den Steinbrüchen südlich der Stadt. Ebenfalls aus Sandstein ist der Taufstein des gotländischen Meisters Sigraf, der in elf Reliefs Szenen aus dem Leben Christi zeigt. In der Vorhalle befindet sich eine Grabplatte, die den Inselvogt Schweder Kettingk aus Lübeck mit seinen zwei Frauen zeigt. An der Küste südlich der Stadt liegt das Strandgebiet *Boderne* mit den malerischen Geräteschuppen der Fischer. *30*

ALLINGE-SANDVIG ②. Die Geschichte der beiden Städte an der Nordspitze der Insel reicht bis ins Mittelalter zurück, als der Heringsfang eine bedeutende Einnahmequelle war. Vor dem Ersten Weltkrieg entwickelten sich die beiden allmählich zusammenwachsenden Städte zum ersten touristischen Zentrum Bornholms. Als der größere der beiden Orte ist Allinge heute Sitz der öffentlichen Verwaltung und Dienstleistungen; etliche schöne Fachwerkhäuser und das Rathaus aus dem 17. Jahrhundert zieren seine Altstadt. In Sandvig findet man das kleine Museum *Tømmerhuset*, in dem bornholmisches Kunsthandwerk gezeigt wird. Zwischen den beiden Städten lohnt es sich anzuhalten und dem Wegweiser *Madsebakken* zu folgen: Der flach aus dem Gelände hervortretende Felsen zeigt die größte Anzahl bronzezeitlicher Felszeichnungen (*helleristninger*) in Dänemark; weitere befinden sich bei Blåholt und dem Storløkkebakken in der Nähe von Allinge. *8/9, 11*

ALMINDINGEN ③, den drittgrößten Wald Dänemarks, legte der Förster Hans Rømer im ersten Viertel des 19. Jahrhunderts an. Mit dem deutschen Wort »Allmende« (Allgemeinbesitz), auf das der heutige dänische Name zurückgeht, ist auch die ursprüngliche Funktion dieses Waldgebiets angesprochen: Hier feierten die Insulaner Volksfeste wie das Johannis Abend Qellfest und sammelten sich zu anderen Veranstaltungen. In unserer Zeit ziehen die Tierschau am letzten Juniwochenende und die samstäglichen Trabrennen die Bornholmer an. In erster Linie ist der Almindingen jedoch ein sehr reizvolles Wandergebiet, innerhalb dessen die unterschiedlichsten Landschaftsformen auftreten. Dazu gehören Felsformationen wie das Echotal (*Ekkodalen*), der Jungfrauenberg (*Jomfrubjerget*), der Königinnenstuhl (*Dronningestolen*) und natürlich der Reiterknecht (*Rytterknægten*), die höchste Erhebung auf der Insel. Dort steht das Königsdenkmal (*Kongemindet*), das im Jahr 1856 als Erinnerung an den Besuch von König Frederik VII. (1808–1863) errichtet wurde – in seine Regierungszeit fiel die Verabschiedung der ersten freien Verfassung Dänemarks im Jahr 1849. Teile des ursprünglichen, von Rømer angelegten Waldes sind um den Jungfrauenberg und den Kristianshügel zu sehen. Weiter südlich befinden sich zwei Burgruinen: Die Fluchtburg *Gamleborg* aus dem ausgehenden 9. Jahrhundert sowie die Königsburg *Lilleborg*, die 1259 vom wendischen Fürsten Jaromir erobert und zerstört wurde. Eine von der Bornholmischen Forstverwaltung herausgegebene Broschüre enthält Vorschläge zu vier verschiedenen Spaziergängen; feste Schuhe sind für längere Wanderungen im Almindinger Waldgebiet unbedingt zu empfehlen. *19, 29, 62*

Almindingen: Ein großartiger Naturpark mit Hochwald, Sümpfen, Waldseen, Wiesen und Felsen.

BAUTASTEINE. Aus der Eisenzeit (500 v. Chr. – 800 n. Chr.) stammen die länglichen, unbeschrifteten Gedenksteine, von denen es noch ungefähr 250 auf Bornholm gibt. Oft waren die Steinhügelgräber aus der jüngeren Bronzezeit mit ihnen markiert (z. B. *Knægten* in der Nähe von Hammeren, im Almindinger Wald, sie kommen aber auch auf Gräberfeldern aus der älteren Eisenzeit vor (z.B. *Stammershalle* südlich von Tejn, *Store Bjerregaardsbakken* zwischen Rønne und Svaneke, der Hügel *Bokul* nordwestlich von Gudhjem). Mehrheitlich kann jedoch kein Zusammenhang zwischen den Bautasteinen und einer Grabanlage hergestellt werden. Sie kommen einzeln oder in Gruppen vor, wobei die berühmteste die von *Louisenlund* bei Svaneke ist. Siebzig Bautasteine, von denen die meisten über zwei Meter groß sind, stehen in diesem Wäldchen; in der Nähe von Bodilsker sind zwei weitere imposante Ansammlungen dieser Steine zu sehen: *Gryet* und *Hjortebakken*. Ob sie überwiegend als Gedenksteine oder Flächenmarkierungen gedient haben: Bornholm ist die dänische Region, in der die meisten Funde verzeichnet sind. Bekannt ist die Existenz von rund 1000 Bautasteinen, die größtenteils jedoch entfernt, umgestürzt oder für den Bau von Brücken und Steinwällen verwendet worden sind.

BORNHOLMS DYRE OG NATURPARK ④. Der sechs Hektar große Tier- und Naturschutzpark befindet sich auf dem Gelände eines ehemaligen Steinbruchs. Der Granitabbau hinterließ kraterähnliche Gebilde und steile Felspartien, die sich hervorragend zur Anlage eines wildromantischen Naturgebiets mit Seen, Grotten und Pfaden eigneten. Erstaunlich viele Tierarten beleben den Park, der sich zwischen Allinge und Hasle befindet. Er ist besonders für Kinder geeignet.

BRÆNDESGÅRDSHAVEN ⑤. Bornholms größter Vergnügungspark (5,5 Hektar) gehört zu den ältesten in Dänemark. Der bereits im Jahr 1933 eröffnete Teil des Gartens umfaßt einen großen See mit Ruderbooten, einen Minigolfplatz und einige Gehege mit Tieren. Später kamen Rutschen, eine kleine Schwebebahn und Tretautos sowie das sehr beliebte »Wasserland« hinzu, die den Garten für Kinder besonders attraktiv machen. Der Vergnügungspark ist somit ein lohnendes Ausflugsziel für Familien. Die Anlage, zu der auch ein schöner Park gehört, liegt außerhalb von Svaneke (gut ausgeschildert).

BROGÅRDSSTENEN ⑥. Die bornholmischen Runensteine sind erst vergleichsweise spät entstanden, im 11. Jahrhundert, als die Insel schon christianisiert worden war. Die späte Entstehungszeit dürfte auch der Grund dafür sein, daß das auf Bornholm verwendete Runenalphabet die vergleichsweise hohe Anzahl von 20 Zeichen umfaßt. Von den 40 bornholmischen Runensteinen ist der *Brogård-Stein* zugleich der größte und der bekannteste. Er steht an der Landstraße zwischen Rønne und Hasle (Abfahrt Klemensker) und trägt die kaum noch erkennbare Inschrift (etwa auf 1100 n. Chr. datiert): »Svenger ließ diesen Stein für seinen Vater Toste und für seinen Bruder Alvlak und für seine Mutter und für seine Schwester errichten«. Im Jahr 1868 wurde der Stein gefunden; zu diesem Zeitpunkt diente er nicht mehr als Gedenkstein für die Familie eines vornehmen Bornholmers, sondern schlichtweg als Stein einer Brücke über dem nahegelegenen Flüßchen Bagå.

ERTHOLMENE (ERBSENINSELN) ⑦. Die Inselgruppe liegt 20 Kilometer nördlich von Svaneke und rund 26 Kilometer östlich von Hammeren. An den Anlegestellen der Fähren sollte man nicht nach dem Zielort »Erbseninseln« suchen; nicht einmal das Statistische Jahrbuch Dänemarks verwendet diese Bezeichnung, die auf die Kleinheit der Inselgruppe bzw. auf die Ähnlichkeit von zwei der bewohnten Inseln mit einer Erbsenhülse anspielt. In der Alltagssprache benutzt man den Namen

Im Hafen von Christiansø. Links hinten: der Store Tårn; im Vordergrund: ehemalige Kasernen.

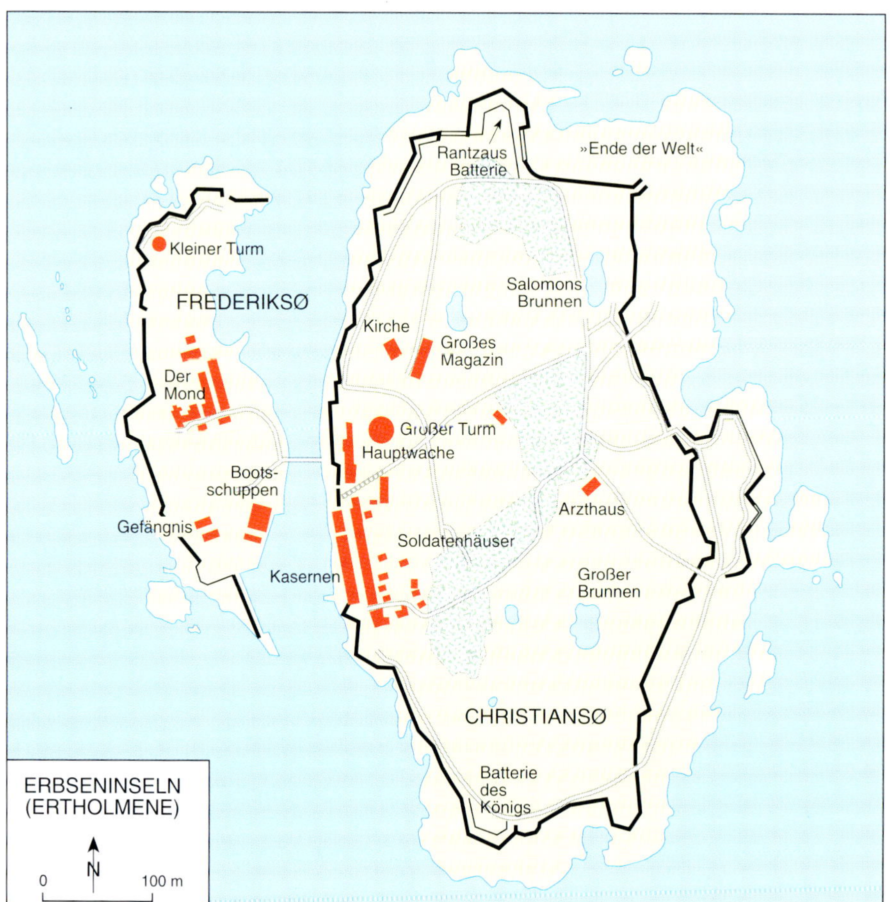

DIE ERBSENINSELN – NOSTALGISCHE GEFILDE MIT SCHAUERLICHER VERGANGENHEIT

Ein Besuch der zwei ehemaligen Marinestützpunkte Christiansø und Frederiksø ist wie eine Reise in die dänische Geschichte.

Es waren wieder einmal die Kriege um die Ostseeherrschaft, die zwei der insgesamt neun winzig kleinen Erbseninseln auf die politisch-militärische Landkarte Dänemarks gebracht haben. Nach dem Friedensschluß von Roskilde 1660 und dem Verlust der drei südschwedischen Provinzen ging die Suche nach einem bescheideneren Marinestützpunkt in der Ostsee los. Wegen der günstigen strategischen Lage und der bereits vorhandenen natürlichen Häfen zwischen Christiansø und Frederiksø entschied sich König Christian V., dort eine Seefestung zu bauen. Zwischen 1684 und 1863 dienten beide Inseln als Stützpunkt der dänischen Marine. Auf einem Areal von 26 Hektar entstand eine Festungsanlage, die zwar die von König Christian gewählte Bezeichnung «Königin der Ostsee» kaum verdiente, jedoch genug an Abschreckungskraft besaß, um Invasoren fernzuhalten. Während der napoleonischen Kriege verkehrte sich ihre Funktion, als Kaperer hier Schutz vor ihren Verfolgern fanden.

Wie weit Programm und Wirklichkeit auseinanderklafften, zeigte der kurze, aber heftige Waffengang des Jahres 1808 zwischen der britischen und der dänischen Marine: Bei dem Racheakt der Engländer gegen die Beschützer der Kaperer wurde die Festung stark beschädigt, sieben Menschen starben und zehn erlitten Verletzungen. Die Festungskanonen hatten eine zu kleine Reichweite, um die Angreifer zu treffen. Der peinliche Zwischenfall zog den Bau einer schützenden Mauer um die Festung nach sich, gleichzeitig veränderte sich die politische Großwetterlage in der Region so weit, daß der Stützpunkt Christiansø 1855 reduziert und 1863 ganz aufgegeben wurde. Mit dem Abzug der letzten Soldaten, Offiziere und Beamten begannen sich Zivilisten auf den beiden Inseln anzusiedeln.

Reizvoll an den beiden Inseln ist ihre nostalgische Atmosphäre, denn hier scheint die Zeit stehengeblieben zu sein. Dies hat seinen Grund. Das dänische Verteidigungsministerium verwaltet die Erbseninseln und verbietet eine weitere Bebauung. Wer hier lebt, kann nur zur Miete wohnen und darf bei fälligen Reparaturen nur authentisches Baumaterial einsetzen. Vor Ort nimmt der Inselverwalter alle Obrigkeitsfunktionen wahr. Er ist zum Beispiel für das Wohlergehen der Inselbevölkerung soweit verantwortlich, daß er für ausreichende Vorräte an Lebensmitteln und Gerätschaften zu sorgen hat. Das milde und regenarme Klima auf den Inseln sollte nicht über die Versorgungsproblematik im Fall eines strengen Eiswinters hinwegtäuschen.

Der Lille Tårn mit seinem charakteristischen Kegeldach ist ein Wahrzeichen von Frederiksø.

Auch auf Christiansø, das als Geburtsstätte der «Bornholmer» gilt, gibt es eine Heringsräucherei.

Davon merken die täglich bis zu 1200 Besucher, die von Bornholm aus mit den drei Schiffsverbindungen nach Christiansø kommen und während des etwa zwei- bis dreistündigen Aufenthalts die örtliche Bevölkerung zahlenmäßig um ein Vielfaches übertreffen, nichts. Auch nicht von den Problemen, die die Versorgung der Inseln mit Trinkwasser bereiten kann. Erst seit 1976 gibt es fließendes Trinkwasser, das von den zwei Wasserlöchern «Großer Brunnen» und «Gottes Vorsehung» in die Wohnungen geleitet wird. Ein Rundgang könnte an der Verbindungsbrücke zwischen Christiansø und Frederiksø beginnen. Unübersehbares Wahrzeichen von Christiansø ist der Große Turm (*Store Tårn*). Von dort aus führt der Weg zur Kirche, die vor 1821 als Waffenschmiede diente. Rechts davon, im Großen Magazin (*Store Magasin*) von 1736, ist heute das Elektrizitätswerk untergebracht. Im Norden der Insel, hinter den Wallanlagen, steht die größte Bastion der Insel, *Rantzaus Batterie*, schützend vor Versorgungseinrichtungen wie dem *Bäkkerhaus* und einem der beiden Brunnen. Auf dem Weg zurück lohnt sich der Abstecher zum *Arzthaus*; das hübsche Fachwerkhaus steht im ehemaligen Garten des Kommandanten. Dessen Wohnhaus (von 1753) befindet sich unmittelbar in der Nähe der *Soldatenhäuser*. Die um 1790 errichteten, zweistöckigen Kasernen dienen heute als Wohnungen. Bevor man über die Brücke nach Frederiksø hinüber geht, kann man sich im *Haus des Kommandanten* stärken, denn hierin befindet sich der Inselgasthof.

Wenn man über die Brücke auf die Insel Frederiksø kommt, liegen auf der linken Seite die *Bootsschuppen* für die Kriegsschiffe und auf der rechten Seite die Mannschaftsbaracke. In der ehemaligen Mannschaftsbaracke, die den Namen *«Der Mond»* (*Månen*) trägt, finden heute Versammlungen, Feste und Tanzveranstaltungen statt. Am nördlichen Ende der Insel findet man das im Kleinen Turm (*Lille Tårn*) untergebrachte Museum; im Süden erinnern der *Cholerafriedhof* und insbesondere das *Staatsgefängnis* vom Anfang des 19. Jahrhunderts an die wenig rühmliche Ära von Frederiksø, als politische Gefangene, Geisteskranke und Choleraopfer hierhin gebracht wurden. Auf der Insel war unter anderem der wegen Verbreitung staatsgefährdender Schriften verurteilte Dr. Jacob Dampe von 1826 bis 1841 interniert. Dampes Fall gehört zu den größten Justizskandalen im Zeitalter des Absolutismus.

Maria Eysell

der größten Insel: *Christiansø*. So heißt auch die ehemalige Festung auf dem Eiland, das durch eine Brücke mit der zweiten bewohnten Insel, *Frederiksø*, verbunden ist. Das Naturschutzgebiet Græsholmene sowie die Schären Tat, Lilleø, Vesterskær, Tyveskær, Præsteskær und Østerskær sind unbewohnt. Christiansø erfreut sich als Tagesausflugsziel großer Beliebtheit. Wegen des großen Andrangs sollte man während der Hauptsaison unbedingt auf die auf den Fahrkarten angegebenen Zeiten für Hin- und Rückfahrt achten – sie verlieren sonst ihre Gültigkeit (*siehe Seite 67*). *2/3, 56, 66, 67*

GRYNEBÆKKEN ⑧. Die Naturschule Grynebækken außerhalb von Svaneke wurde 1986 als ökologisches Projekt ins Leben gerufen. Im Mittelpunkt der Aktivitäten steht die Erprobung und Anwendung umweltschonender Technologien, unter anderem die Lebensmittelproduktion ohne die Verwendung von fossilen Brennstoffen, Sprühmitteln oder Kunstdünger (als Vorbild dient Marthas Vineyard im amerikanischen Bundesstaat Massachusetts). Außer dem 245 Quadratmeter großen und mit Sonnenenergie beheizten Gewächshaus kann man dort eine ökologische Anlage zur Abwasserbeseitigung und eine Recycling-Teichwirtschaft besichtigen und sich über die verschiedenen Projekte und Kurse der Schule informieren (*siehe hierzu auch Seite 61*). Nur von außen zu besichtigen sind die *Ramshusene*, eine 1991 entstandene Wohnanlage, die als Pilotprojekt für energiesparende Maßnahmen errichtet wurde.

GUDHJEM ⑨. Der kleine Fischerort an der Nordostküste Bornholms, der in den zwanziger Jahren talentierte junge Künstler und bis heute die Touristen in Scharen angezogen hat, war wegen des Hafens im Mittelalter ein wichtiger Handelsplatz. Mitte des 17. Jahrhunderts fiel fast die Hälfte der Bevölkerung der Pest zum Opfer, und die Stadtrechte gingen verloren. Mit dem Bau der Festung Christiansø (1684) belebte sich Gudhjem wieder, denn die Versorgung der dort stationierten Soldaten wurde über den alten Südhafen abgewickelt. Die Bevölkerung lebte lange Zeit weitgehend vom Fischfang; die erste Heringsräucherei auf Bornholm entstand 1866. In diese Zeit fällt auch der Bau des Hafens am Nørresand, der im Gegensatz zum größeren Südhafen auch bei Sturm angelaufen werden kann. Wirtschaftlich gesehen entwickelte sich der Tourismus zu einem ganz wesentlichen Faktor; ein Erfolg, der seine Spuren im Stadtbild hinterlassen hat. Trotzdem konnte sich Gudhjem, nicht zuletzt wegen seiner Lage, den früheren Charme bewahren: Terrassenförmig angelegt, zieht sich der Ort den Hügel *Bokul* hinauf; der Ausblick von dort über die bunten Häuser und die Küste, der allein schon einen Ausflug wert ist, vermittelt ein geradezu mediterranes Gefühl.
Die verwinkelten Gassen mit den bunten Fachwerkhäusern und vielen steilen Straßen, darunter die einzige Serpentinenstraße Dänemarks, laden zum Spaziergang ein – das Auto sollte man möglichst schnell am Haupthafen abstellen, radfahren setzt eine gute Kondition voraus. Besonders hübsch sind die Sträßchen in Hafennähe (Sct. Jørgensgade, Brødregade) mit alten Hotels und Pensionen aus der Frühzeit des Tourismus, einem Kaufmannshof und verschiedenen Kunstgewerbegeschäften. Selbst wenn der Hafen wegen des Parkplatzes in der Hochsaison nicht gerade beschaulich ist, sollte man nicht auf den Besuch der dort ansässigen *Heringsräucherei*, zu der eine witzige Kneipe gehört, verzichten.
Außerhalb von Gudhjem (drei Kilometer Richtung Melsted) beim Hof Melstedgård beginnt ein reizvoller, wenn auch nicht ganz müheloser Weg in ein Tal hinunter. Er führt durch eine schöne Waldlandschaft bis zum Bach Kobbeå und dem Wasserfall Stavehøl, der besonders im Frühling und Herbst recht beeindruckend ist.
In der anderen Richtung führt die Hauptstraße nach Tejn und zum *Bornholms Kunstmuseum*, das oberhalb der Helligdomsklipperne bei Rø liegt. In dem 1993 eröffneten und der umgebenden Landschaft angepaßten Museumsgebäude werden unter anderem Werke der Bornholmer Maler (*siehe Seite 46*) gezeigt. Dazu gehört der berühmte Maler und ehemalige Bürger Gudhjems Oluf Høst (1929–1966), der seine Motive vor allem in der Nähe des Ortes fand. *16/17, 40/41, 42, 50, 64, 65, 69*

Eine durch zwei Molen geschützte natürliche Bucht ist Hammerhavn.

HAMMEREN ⑩. Das Naturgebiet Hammeren an der nördlichsten Spitze Bornholms und die dort gelegene Burgruine Hammershus spiegeln beide, wenn auch in unterschiedlicher Weise, die Geschichte der Insel wider. Der Granitfelsen Hammeren bietet sich als geologisches Studienobjekt an: Hier kann man anhand der unterschiedlichen Ausformung der West- und der Ostseite der bis zu 82 Meter hohen Erhebung den Verlauf der eiszeitlichen Formationen verfolgen. Das aus nördlicher und nordöstlicher Richtung kommende Eis hat die Ostseite, die sogenannte Anprallseite, abgeschliffen, während die Westseite, die Leeseite, eine Steilküste blieb. Die gesamte Landschaft im Naturgebiet Hammeren vermittelt einen Eindruck vom Erscheinungsbild Bornholms bis Anfang des 19. Jahrhunderts. Es handelt sich um jene Art von Hochheide, die vor den Forstreformen des Hans Rømer (Almindinger Wald) auf der Insel vorherrschend war. Das Gebiet in der Nähe des *Hammersø* wurde von der einst bedeutenden Steinindustrie (1875–1971) geformt – die beiden kleinen Seen Opalsø und Krystalsø sind keine natürlichen Seen wie der Hammersø, der im breitesten Spaltental Bornholms liegt. Aus der Zeit des massiven Granitabbaus stammt der *Hammerhafen*, der 1893 zur Verschiffung der Felsbrocken geschaffen wurde; hier legten auch einige der ersten Fähren mit Touristen an. An der Nordwestspitze erinnert die Ebene hinter der Ruine der mittelalterlichen *Salomons Kapel* an die großen Zeiten des Heringsfangs: Vom 14. bis 16. Jahrhundert fanden an dieser Stelle die hanseatischen Heringsmärkte statt. Erst nach dem großen Sandtreiben des Jahres 1775 entstand die Dünenlandschaft zwischen der Kapelle und Sandvig. Erst sie schuf die

Allein auf weiter Flur: Wehrhaft nach allen Richtungen abgeschottet gibt sich dieser typische Bornholmer Vierseithof bei Gudhjem.

Voraussetzungen für die Entstehung des Tourismus. (Vorschläge für Wanderungen im Naturgebiet Hammeren verzeichnet das von der Bornholmischen Forstverwaltung herausgegebene Faltblatt; Hinweisschilder und Erläuterungen gibt es dort und auf der Burganlage.)

HAMMERSHUS ⑪. Wie kein anderes Bauwerk auf der Insel verkörprt die Burgruine Hammershus die wechselvolle Geschichte der Insel. Wer nach der Verwüstung der Königsburg Lilleborg im Almindinger Wald im Jahr 1259 bis zum Aufstand der Bornholmer gegen die schwedische Besatzungsmacht im Jahr 1658 die Festung hielt, der regierte auch über Bornholm. Die um 1255 vom Erzbischof in Lund gebaute Burganlage war bis ins 18. Jahrhundert die wichtigste militärische Einrichtung auf der Insel. Danach begann Hammershus zu verfallen, Steine und andere Bauelemente wurden für neue Gebäude verwendet – bis die Anlage im Jahr 1822 unter Denkmalschutz gestellt wurde. Mit einem Areal von 235 x 750 Meter gehört Hammershus zu den größten mittelalterlichen Burgruinen Nordeuropas. Die Lage der Festung machte sie schwer einnehmbar, da der Felsen, auf dem sie gebaut wurde, auf der Westseite von der Steilküste und auf den übrigen Seiten von tiefen Tälern begrenzt ist. Man betritt die Festungsanlage über eine Brücke und passiert als erstes Gebäude zur rechten Seite das Thinghaus, dahinter befand sich ein Teich mit Wasservorräten. Durch das Festungstor führt der Weg zum äußeren Schloßhof, um den sich die Überreste der Magazingebäude und der Ställe gruppieren. Der Weg durch das Haupttor lenkt das Auge auf den sechsstöckigen Mantelturm aus dem 13. Jahrhundert, der auch als Gefängnis diente und durch den man auf den inneren Burghof gelangt. Hier lagen die Räume des Burgherren (Süd- und Westseite) sowie die Kapellen der Burg und die Empfangsräume. Beeindruckend ist der Ausblick auf die großartige, eher karge Landschaft. Bei Sturm und Regen ist es nicht schwer, sich vorzustellen, warum die im Mantelturm eingekerkerte dänische Königstochter Leonora Christina Ulfeld im Winter 1661 gemeinsam mit ihrem Mann einen Fluchtversuch unternahm – ein in

Gudhjem ist eine grüne Pracht, denn jedes der Häuschen hat einen eigenen Garten.

dieser Gegend allerdings hoffnungsloses Unterfangen. Corfiz Ulfeld war in den Dienst des schwedischen Königs getreten und trug unter anderem Mitverantwortung für die schwedische Besetzung von Bornholm im Jahr 1658. Das Ehepaar wurde wegen Landesverrats in Hammershus eingekerkert. *74/75*

HASLE ⑫. Auch die Vergangenheit dieser Kaufmannsstadt wurde wesentlich vom Fischfang bestimmt. Berühmt wurde sie, weil der Bornholmer Aufstand 1658 von hier aus organisiert wurde, woran der Gedenkstein auf dem Marktplatz erinnert. Ein berühmter Hasler Bürger aus späteren Zeiten war der Königliche Kammersänger Wilhelm Herold (1865–1937), der im Jahr 1891 am Stadttheater von Rønne debütierte und später eine internationale Karriere als Tenor machte. Eine ständige Ausstellung in der Stadtbibliothek von Hasle erinnert an sein Wirken.
Die Stadt gehört nicht zu den erschlossenen Touristenorten, sie hat sich auch international einen Namen mit den Produkten der 1899 gegründeten Hasle Klinker- und Schamottenfabrik gemacht, die heute in deutschem Besitz ist. Sehenswert ist das Zentrum von Hasle, in dem noch etliche schöne Fachwerkhäuser vorhanden sind. Das weiß getünchte Langschiff der um 1400 aus Feldsteinen gebauten *Kirche* bildet einen augenfälligen Kontrast zum roten Turm aus Fachwerk. Ihr holzgeschnitzter Flügelaltar, eine Lübecker Arbeit aus der Mitte des 15. Jahrhunderts, soll ursprünglich in der Burgkapelle von Hammershus gestanden haben. Am Südende des Hafens stehen die drei *Heringsräuchereien*, bei denen man morgens zuschauen kann, wie Fische für den Räucherofen hergerichtet werden. Eine der drei Räuchereien dient heute als Museum. Richtung Rønne befindet sich ein hübsches Waldgebiet, in dem sich die zwei idyllischen Seen *Smaragdsøen* und *Rubinsøen* mit einer ganz und gar prosaischen Vergangenheit verbergen: Der eine war einst eine Lehm-, der andere eine Kohlengrube. *24/25, 26, 27, 51*

Figurengruppe am Altar der Kirche von Hasle.

Ein ehemaliger Seeräuber gehörte zu den Gründungsvätern des Rønne Theaters.

NEKSØ ⑬. Sobald es sich um die touristische Attraktivität handelt, gibt es für diese Stadt selten so richtig gute Noten. Aber dafür können ihre Bürger eigentlich nichts, denn Neksø wurde mehrmals das Opfer von dramatischen Ereignissen, die tiefe Wunden schlugen. Knapp zweihundert Jahre nach der Verleihung des Stadtrechts wurde es 1510 von den Lübeckern geplündert. Die Schweden hausten hier ihm Jahr 1645, und bald darauf folgte die Beulenpest. Die halbe Stadt wurde 1756 von einer Feuersbrunst zerstört, 1872 machte eine Sturmflut den Hafen und den Steinbruch funktionsunfähig. Die letzte Katastrophe kam mit den Bombardements im Mai 1945. Angesichts einer solchen Geschichte kann das Erscheinungsbild der Stadt wohl kaum idyllisch sein.
Neksø ist heute – nicht zuletzt wegen seiner großen modernen Hafenanlage – die wichtigste Fischereistadt auf Bornholm. Viele Neubauten prägen das Stadtbild, aber in der Innenstadt gibt es noch sehr schöne Häuser, wie das unter Denkmalschutz stehende Fachwerkhaus auf der Stormgade 33. Den Marktplatz schmückt der Tritonbrunnen aus dem Jahr 1950. Sehenswert ist auch die Neksø Kirche am Kirkeplads aus der Mitte des 15. Jahrhunderts (mehrfach restauriert, zuletzt 1985). An den wohl bekanntesten Bornholmer überhaupt erinnern das Martin-Andersen-Neksø-Gedenkhaus und eine Büste in dem kleinen Wald am Ferskesø.
Nimmt man Neksø als Ausgangspunkt, lohnt sich eine kleine Rundfahrt zu den Dorfkirchen in der Umgegend: Die *Bodils Kirke* (vier Kilometer westlich von Neksø) stammt aus dem späten 12. Jahrhundert und ist dem englischen Seeheiligen Sankt Bothulf gewidmet; der Glockenturm wurde im 17. Jahrhundert errichtet. Eine Gedenktafel im Waffenhaus erinnert an die Pestopfer des Jahres 1654. In der spätromanischen *Povls Kirke* (neun Kilometer südwestlich) sind die Kalkmalereien aus der Mitte des 16. Jahrhunderts und der spätromanische Taufstein aus Kalkstein sehenswert. Noch älter ist die weiter westlich gelegene *Peders Kirke* aus dem 12. Jahrhundert. Romanischen Ursprungs sind das Langhaus, Chor und Apsis, während der Turm auf das 16. Jahrhundert zurückgeht.

PARADISBAKKERNE (DIE PARADIESHÜGEL) ⑭. Ein sehr schönes Wandergebiet nordöstlich von Neksø. Wie im Naturgebiet Hammeren im Norden der Insel findet man hier die ursprüngliche Hochheidelandschaft Bornholms, von Spaltentälern und quer verlaufenden Tiefen gegliedert und von Teichen, Seen und Mooren abwechslungsreich durchzogen. Der typische Paradieshügel-Granit ist hier und dort zu sehen, als Hinterlassenschaft aus der Eiszeit blieben diverse Findlinge, von denen der berühmteste *Rokkesten* (Wackelstein) genannt wird. Es heißt, man hätte früher den 25 Tonnen schweren Stein mit dem Finger zum Wackeln bringen können – ohne den Zaubertrank von Asterix und Obelix geht das heute nur mit Hilfe eines Hebels. Im südwestlichen Teil der Paradieshügel stehen die Ruinen der *Gamleborg* aus der Wikingerzeit, die als Fluchtburg diente. (Bei den Touristenbüros sind Vorschläge zu Wandertouren erhältlich; es gibt markierte Wege; festes Schuhwerk ist für eine Tour durch die Paradieshügel unbedingt empfehlenswert.)

VON UHREN UND STEINZEUG – KUNSTHANDWERK AUF BORNHOLM

Nicht die Nachfrage nach touristischen Souvenirartikeln, sondern eine lange Tradition, die bis ins 18. Jahrhundert zurückreicht, begründet, warum es heutzutage rund 80 kunsthandwerkliche Betriebe auf Bornholm gibt.

Im Winter des Jahres 1744 tobte einmal wieder ein eisiger Sturm auf der Ostsee vor Bornholms Küsten. Dabei lief ein holländisches Schiff auf Grund; zum Strandgut gehörten einige englische Standuhren. Die beiden Brüder Otto und Peter Poulsen Arboe nahmen diese so gründlich unter die Lupe, daß sie bald den Schreinerberuf aufgaben und sich als Uhrenhersteller niederlassen konnten. Peter Arboes Sohn, Jørgen Peter Arboe (1749 bis 1820) galt als einer der bekanntesten Uhrmacher seiner Zeit. Präzision, ausgefeilte Technik, Haltbarkeit und schlichte Formschönheit kennzeichneten die Bornholmer Uhren. Allerdings erweckte der Erfolg des Unternehmens in Rønne den Neid der Kopenhagener Uhrenhersteller, die sich zur Bekämpfung des unliebsamen Konkurrenten einer geradezu klassischen Methode bedienten: Sie machten das Produkt mies und forderten steuerliche Maßnahmen, um den eigenen Markt zu schützen. Doch der gewünschte Effekt blieb aus. Statt die Bornholmer Uhrmacher mit Strafsteuern zu belegen, schickte der dänische König 1795 den Hofuhrmacher mit den neuesten Schweizer Uhren nach Rønne, um den Arboebetrieb mit dem aktuellen Stand der Technik vertraut zu machen.

Das Ende der Bornholmer Uhrmacherkunst nahte, als preiswertere Fabrikuhren aus Amerika den Markt überschwemmten. Einige Exemplare der Bornholmer Uhren, die heute nachgebaut werden, sind im *Bornholms Museum* ausgestellt.

Um 1790 hatte der Engländer James Davenport bereits große Teile seines Vermögens aufgewendet, um auf Bornholm nach Kohlevorkommen zu suchen; das

In der Svendborg-Petersen-Uhrenfabrik.

hoffnungslose Unterfangen fand jedoch ein erfolgversprechendes Ende, denn bei den Schürfarbeiten fand man 1755 in einer Tonschicht bei Rønne ein reichhaltiges Kaolinvorkommen, das für die Produktion von Steingut und Fayencen genutzt werden konnte. Das Jahr 1792 war dann die Geburtsstunde des nach dem deutschen Meister Johannes Spietz benannten Bornholmer Steinguts.

Das Uhrmacherhandwerk erfordert Geschick und Präzision, hier bei Svendborg Petersen.

gelben bornholmischen Ton zu experimentieren begannen. Er wurde bis 1250 Grad erhitzt und erhielt dadurch einen besonderen, graubraunen Schimmer. Um 1926 entwickelte Hjorth die berühmte Marmorglasur, bei der der Gegenstand vor der Glasur farbig bemalt wurde und dann mit Hilfe des Arnagerkalks der Marmoreffekt erzielt wurde. Bekannt ist die Keramikfabrik Hjorth bis heute wegen ihrer Herstellung von Unikaten, Gebrauchsgegenständen wie Apothekerkrügen und Vasen sowie figürlichen Darstellungen von Menschen und Tieren. Vielleicht am augenfälligsten sind die Erzeugnisse der 1890 gegründeten Firma *Michael Andersen & Søn*, insbesondere die in kräftigen Regenbogenfarben schillernde sogenannte Persiakeramik. Im Lauf der Jahre hat das Unternehmen eine Reihe von bekannten Künstlern und Designern beschäftigt: Die Bildhauer Jacob Bregnø und Harald Isenstein beispielsweise oder den Maler Carlo Rosberg, der vor allem Vasen und Schalen gestaltete.

Wer sich für geschmackvolle und künstlerisch wertvolle Keramik interessiert, sollte in Allinge den Ausstellungsraum der Künstlerkooperative Kampeløkken aufsuchen.

Zu den traditionsreichen Werkstätten der bornholmischen Keramikindustrie gehören drei Unternehmen aus dem 19. Jahrhundert, die auch heute ihren Sitz in Rønne haben. Das älteste ist die Firma *Søholm* aus dem Jahr 1835. Aus größtenteils importierten Rohstoffen stellt sie Eß-, Tee- und Kaffeegeschirr sowie andere Gebrauchsgegenstände her; hinzu kam später die Produktion von Siebdrucken und Souvenirartikeln. Am renommiertesten ist das Steingut aus der 1859 gegründeten *Lauritz Hjorth Terracottafabrik*; deren Pionierleistung erfolgte allerdings erst mit der zweiten Generation der Familie Hjorth, als Peter und Hans Hjorth mit dem

Daß das bornholmische Keramikhandwerk trotz der preiswerten Konkurrenz weiterlebt und das nicht schlecht, davon zeugt unter anderem die 1975 gegründete Vereinigung der Bornholmer Keramiker (*Sammenslutningen af Bornholmske Keramikere*), deren Mitglieder ihre Werke im ehemaligen Kino von Allinge, dem *Kampeløkken*, ausstellen und zum Verkauf anbieten. Hier werden Unikate und Serienstücke der heutigen Generation von Keramikern und Glasbläsern präsentiert. Angesichts der Vielzahl von kunstgewerblichen Geschäften auf Bornholm bleibt das eigene Gefühl für Geschmack sicher der beste Ratgeber. *Maria Eysell*

RØNNE ⑮. In der Hauptstadt der Insel lebt heute ein Drittel der bornholmischen Bevölkerung; dennoch besitzt Rønne den Charme einer sehr gepflegten Kleinstadt. Es lohnt sich, einen Spaziergang durch die Innenstadt zu machen, denn hinter dem geschäftigen Marktplatz (*Store Torv*) und den Durchfahrtsstraßen verbergen sich wahre Schmuckstücke von Fachwerkhäusern, schmalen Gassen und liebevoll angelegten Innenhöfen oder Gärten.

Der Ursprung von Rønne geht auf das späte 13. Jahrhundert zurück, die Stadtrechte erhielt es im Jahr 1584, zu den Zeiten, als der Heringsfang und der Handel mit den Lübeckern lukrativ waren. Als die Befestigung der Stadt durch Wälle und Gräben und der Bau des Kastells (*Kastellet*) am Ende des 17. Jahrhunderts begannen, war die ehemalige Hauptstadt Åkirkeby längst eine verarmte und fast entvölkerte Ansiedlung. Der Aufstieg von Rønne zur größten Stadt der Insel setzte sich fort, unterstützt durch die erfolgreiche Uhrenherstellung im 18. Jahrhundert und die Fayence- und Keramikindustrie im 19. Jahrhundert. Heute ist Rønne die führende Handelsstadt Bornholms, ebenso der Knotenpunkt für den Schiffsverkehr ins In- und Ausland und schließlich auch Sitz der Regionalverwaltung.

Ein Rundgang durch das Zentrum könnte am Store Torv anfangen, an dessen Ostseite das ehemalige Rathaus, Gerichtsgebäude und Gefängnis aus dem 19. Jahrhundert gebührenden Respekt einflößt. Von dort aus geht es in die Krystalgade zum berühmten Steinguthersteller *Hjorths Keramik* (Terrakotta, Steingut). Um die Ecke, auf der Storegade 42, befindet sich der Sitz des Kommandanten der bornholmischen Miliz (*Bornholms Værn*). Über die Storegade kommt man in die granitbepflasterte *Laksegade*. Etliche der ungefähr zweihundert Jahre alten Häuser stehen unter Denkmalschutz; unbedingt sehenswert ist das Museum *Erichsens Gård* (Nr. 7), ein rötliches Fachwerkhaus. Durch die Nørrekåsgade gelangt man in die *Fiskerstræde*, deren Häuser überwiegend von Fischern bewohnt waren, die es von hier aus nicht weit zum Hafen Nørrekås (dem heutigen Jachthafen) hatten. Zur Stadtmitte hin liegt die *Grønnegade* mit drei alten Fachwerkhäusern. Jenseits der Durchfahrtsstraße zum Hafen, Snellemark, führt der Weg auf die vornehme Storegade und zum Hauptsitz des obersten zivilen Beamten, dem *Amtmandsgården*, einem Fachwerkgebäude aus dem 18. Jahrhundert. Diese Adresse (Nr. 36) ist geschichtsträchtig: Ursprünglich stand hier das Geburtshaus von Jens Kofoed, einem der Anführer des Aufstandes von 1658, in dessen Haus der schwedische Kommandant Printzensköld gelockt wurde. Er fand nach seinem gescheiterten Fluchtversuch auf der Straße den Tod (zwei Steine gegenüber der Rådhusstræde erinnern daran). Ecke *Toldbogade* steht eines der ältesten Häuser Bornholms vom Ende des 17. Jahrhunderts, das ehemalige Proviantdepot der Marine. Fast am Ende der Storegade (Nr. 15) sieht man eine der letzten Hofanlagen in Rønne, den *Johnsens Gård*. Ein eher schlicht anmutendes Gebäude Ecke Østergade und Teatergade gehört zu den kulturgeschichtlich interessanten Örtlichkeiten: Das 1823 errichtete *Rønne Theater* gilt als älteste noch bespielte Bühne in Dänemark. Traurige Berühmtheit erlangten die heute sehr friedfertig anmutenden neuen Häuser am Ende der Østergade (Kirkestræde, Kapelvej), sie wurden für die nach dem Bombardement von 1945 Obdachlosen gebaut. Über die verwinkelte Pflasterstraße *Vimmelskaftet* führt der Weg, mit einem lohnenswerten Abstecher über den *Bagerpladsen*, an bornholmischen Häusern aus den letzten dreihundert Jahren vorbei in die *Søndergade* zur Hauptwache, (*Hovedvagten*; Nr. 12), einst das südliche Stadttor Rønnes. Die 1743/44 gebaute Wache, in der sich gleichzeitig das Gefängnis befand, gehört zu den Gebäuden, für die man Steine aus der Festung Hammershus verwendete. Der Rundgang endet am Kleinen Marktplatz (*Lille Torv*), der – in Verbindung mit dem Bau der Befestigungsanlage – zur gleichen Zeit wie der Große Markt und der Platz vor der Hauptwache angelegt wurde.

Südlich von Rønne, auf einem Gelände, das den wenig charmanten, jedoch geschichtlich korrekten Namen Galgenhügel (*Galløkken*) bekommen hat, steht das Kastell, das an die nie ganz vollendete Festungsanlage erinnert. *12, 13, 14, 19, 29, 30, 31, 44, 76/77*

SVANEKE ⑯. Der kleine Fischer- und Hafenort, die östlichste Stadt Bornholms, bekam 1975 die Goldmedaille des Europarates für die konsequente Bewahrung einer historisch gewachsenen Hafenstadt. Federführend wirkte hier das Nationalmuseum in Kopenhagen, allerdings in enger Zusammenarbeit mit Bürgern und Stadtverwaltung aus Svaneke. Bei dem preiswürdigen architektonischen Ensemble handelt es sich unter anderem um Fachwerkhäuser und Kaufmannshöfe aus dem 18. und 19. Jahrhundert, um alte Steintreppen, eine Windmühle, die spätgotische Kirche (deren Turm das Wappentier Svanekes, einen Schwan, trägt).

Erst ein kleiner Spaziergang vom Marktplatz (Svaneke Torv) zum Hafen, mit Abstechern zu Seiten- und Nebenstraßen, in denen zahlreiche Geschäfte mit kunsthandwerklichen Gegenständen zu finden sind, kann dem Besucher einen Eindruck von der Beschaulichkeit geben, die dieses Städtchen an jeder Ecke ausstrahlt. Unten am kleinen Hafen erheben sich an der Frontseite Fachwerkhäuser, in denen Hotels eingerichtet wurden. Im Süden gibt es eine Bademöglichkeit (Hullehavn), im Norden steht eine Heringsräucherei, die mit ihren fünf Kaminen ein bißchen zum Wahrzeichen von Svaneke geworden ist. Ein Kontrastprogramm bietet der nördliche Ortsausgang mit dem im Jahr 1950 errichteten Wasserturm des Architekten Jørgen Utzon (Erbauer der Oper in Sydney) und den beiden Windmühlen, Svanemøllen aus dem 19. Jahrhundert und Stubmøllen aus dem Jahr 1634, der ältesten auf Bornholm.

In der näheren Umgebung lohnt sich ein Abstecher zur romanischen *Ibs Kirche* aus der zweiten Hälfte des 12. Jahrhunderts. *10, 28, 36, 37, 38, 39*

Zwischen den größten Sandstränden der Insel gelegen, zieht Snogebæk viele Touristen an.

An der Westküste befindet sich die 40 Meter hohe Felsenpartie «Jons Kapel». 108 in den Stein gehauene Stufen ühren zur «Grotte des Mönchs». Der age nach hat der Einsiedler und Missionar Jon von dieser Stelle aus das Christentum verkündet.

Aus dem Jahr 1255 stammt die Festung Hammershus an der Nordwestküste der Insel. Sie ist heute die größte Burgruine Dänemarks.

Bunte Fachwerkbauten und nostalgische Laternen prägen das Bild der Altstadt von Rønne.

Vimmelskafte

Lieblich und heiter wie die Märchen des dänischen Dichters Hans Christian Andersen sind die Gärten auf Bornholm.

Fritz Dressler, geboren 1937, Professor an der Hochschule für Kunst und Musik in Bremen. Erfahrener Nordeuropa-Fotograf. Zahlreiche Veröffentlichungen im Verlag C.J. Bucher.

Weitere Titel aus dieser Reihe:

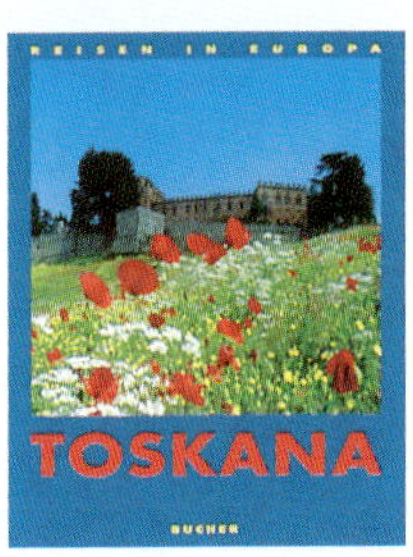

TEXTNACHWEIS

Hans Henny Jahnn: Werke und Tagebücher. Hamburg, Verlag Hoffmann und Campe, 1991: S. 1.
Martin Andersen Nexö: Pelle der Eroberer. Aufbau-Verlag Berlin und Weimar, 1980: S. 43.
Die Informationskästen schrieb Maria Eysell.

BILDNACHWEIS

Bornholms Museum, Rønne: S. 34 (2), 43 l. und u., 60 (2).
Bornholms Kunstmuseum, Gudhjem: S. 46 (2), 47 o., M.r. und u.r.
Foreningen Martin Andersen Nexø, Nexø: S. 43 o.
Niklas Bildarkiv, Marienhamn: S. 61 o., 62 o., 64 o.l. und r., Rücktitel M.r.

Alle übrigen Fotos stammen von Fritz Dressler, Worpswede.

Die Karten auf Seite 57 und 66 zeichnete Astrid Fischer-Leitl, München.

Seite 1: Der Rathauskrug am Marktplatz von Rønne.
Vor- und Hintersatz: Im Forst von Almindingen.

Wir danken allen Rechteinhabern für die Erlaubnis zu Nachdruck und Abbildung. Trotz intensiver Bemühungen war es nicht immer möglich, alle Rechteinhaber zu ermitteln. Wir bitten diese, sich an den Verlag zu wenden.

Alle Angaben dieses Bandes wurden von der Autorin sorgfältig recherchiert und vom Verlag auf Stimmigkeit und Aktualität geprüft. Allerdings kann keine Haftung für die Richtigkeit der Informationen übernommen werden. Für Hinweise und Anregungen sind wir jederzeit dankbar.

Zuschriften bitte an Verlag C.J. Bucher, Lektorat, Goethestraße 43, 80336 München.

REISEN IN EUROPA · BORNHOLM

Konzeption: Axel Schenck
Lektorat: Georg Hohenester, Linda Walz
Bilddokumentation: Maria Guntermann
Graphische Gestaltung: Michael Voss
Herstellung: Kristina Kaiser, Angelika Kerscher

Technische Produktion: Fotosatz Ressemann, Hochstadt; Repro Schwangart, Kaufbeuren; Bentrup Druck, Bielefeld

Printed and bound in Germany
ISBN 3 7658 1019 3

Maria Eysell, geboren 1949, Studium der Politikwissenschaften und Neueren Geschichte, Lehrauftrag für Dänisch, ist seit 1978 als freie Autorin tätig. Im Verlag C.J. Bucher bereits Autorin eines Bornholmbandes.

Große Bildbände zu europäischen Reisezielen: